# MEDUIM

| 1 |  | 6 | 9 |  |  |  | 2 | 7 |
|---|---|---|---|---|---|---|---|---|
|  |  | 7 |  | 3 | 5 |  |  |  |
|  |  | 2 |  |  |  | 8 |  |  |
|  | 5 |  | 7 |  | 6 |  |  |  |
|  |  | 4 |  |  |  | 6 |  |  |
|  |  |  | 8 |  | 1 |  | 4 |  |
|  |  | 9 |  |  |  | 4 |  |  |
|  |  |  | 5 | 2 |  | 1 |  |  |
| 6 | 2 |  |  |  | 3 | 7 |  | 8 |

**1**

| 4 | 6 |  | 1 |  |  | 8 |  |  |
|---|---|---|---|---|---|---|---|---|
|  |  |  | 7 |  |  | 1 |  | 6 |
|  |  |  | 5 | 3 |  |  | 9 |  |
|  | 8 |  |  |  | 3 | 4 | 7 |  |
|  |  |  |  |  |  |  |  |  |
|  | 2 | 6 | 9 |  |  |  | 8 |  |
|  | 4 |  |  | 2 | 5 |  |  |  |
| 9 |  | 5 |  |  | 8 |  |  |  |
|  |  | 2 |  |  | 9 |  | 6 | 3 |

**3**

|  |  | 4 |  |  |  |  | 3 |  |
|---|---|---|---|---|---|---|---|---|
|  |  |  | 9 |  |  | 5 |  |  |
| 6 | 2 |  | 8 |  |  | 9 |  | 1 |
| 7 |  | 9 |  |  | 4 |  |  |  |
| 8 |  |  | 1 |  | 3 |  |  | 2 |
|  |  |  | 6 |  |  | 3 |  | 7 |
| 2 |  | 3 |  |  | 8 |  | 5 | 4 |
|  |  | 1 |  |  | 5 |  |  |  |
|  | 4 |  |  |  |  | 2 |  |  |

**2**

|  | 8 |  |  |  | 5 |  |  |  |
|---|---|---|---|---|---|---|---|---|
|  | 5 |  |  |  |  |  | 1 | 9 |
| 2 |  |  | 9 |  | 1 | 5 |  | 4 |
|  |  | 8 |  | 3 | 6 | 2 |  |  |
|  |  |  |  |  |  |  |  |  |
|  |  | 9 | 8 | 1 |  | 7 |  |  |
| 3 |  | 2 | 7 |  | 4 |  |  | 8 |
| 5 | 4 |  |  |  |  |  | 7 |  |
|  |  |  | 3 |  |  |  | 6 |  |

**4**

# MEDUIM

| | | | | | | | | |
|---|---|---|---|---|---|---|---|---|
| | 6 | 3 | 8 | | | | 4 | |
| 9 | | | | 3 | | | | |
| 1 | | 4 | 5 | | 7 | | | 2 |
| | | | 6 | | | | | |
| 2 | | 1 | | | | 5 | | 8 |
| | | | | | 4 | | | |
| 6 | | | 2 | | 8 | 3 | | 7 |
| | | | | 1 | | | | 6 |
| | 5 | | | | 9 | 8 | 2 | |

**5**

| | | | | | | | | |
|---|---|---|---|---|---|---|---|---|
| 1 | | 4 | | | | | 9 | |
| | | | | | 5 | | | 7 |
| 7 | | | 2 | 9 | | 3 | | |
| | | | | 4 | | | 8 | 3 |
| | 4 | 2 | | | | 7 | 6 | |
| 3 | 6 | | | 5 | | | | |
| | | 6 | | 1 | 9 | | | 4 |
| 5 | | | 4 | | | | | |
| | 8 | | | | | 1 | | 9 |

**7**

| | | | | | | | | |
|---|---|---|---|---|---|---|---|---|
| 3 | | | 5 | | | 8 | | 4 |
| | | 8 | | 1 | 4 | | | |
| 9 | 7 | | | | 3 | | 5 | 1 |
| 5 | 9 | | | | | 6 | 2 | 3 |
| | | | 6 | | 2 | | | |
| 4 | 6 | 2 | | | | | 1 | 8 |
| 8 | 4 | | 1 | | | | 7 | 2 |
| | | | 9 | 4 | | 1 | | |
| 7 | | 5 | | | 8 | | | 6 |

**6**

| | | | | | | | | |
|---|---|---|---|---|---|---|---|---|
| | 9 | 3 | | 2 | 4 | | | 6 |
| | | | 5 | | | | 3 | 2 |
| | 4 | | | 8 | | 7 | | 5 |
| | | | 2 | | | 1 | | 3 |
| | 3 | 2 | 1 | | 6 | 5 | 8 | |
| 9 | | 1 | | | 3 | | | |
| 3 | | 4 | | 1 | | | 5 | |
| 8 | 2 | | | | 5 | | | |
| 6 | | | 9 | 7 | | 3 | 2 | |

**8**

# MEDUIM

| 2 | 8 |  |  |  |  |  | 3 | 7 |
|---|---|---|---|---|---|---|---|---|
|  |  |  | 4 | 5 | 8 |  |  |  |
|  |  | 1 |  |  |  | 8 |  |  |
|  | 1 | 9 | 5 |  | 4 | 7 | 6 |  |
|  |  | 5 |  |  |  | 1 |  |  |
|  | 2 | 7 | 3 |  | 6 | 4 | 9 |  |
|  |  | 2 |  |  |  | 3 |  |  |
|  |  |  | 7 | 6 | 2 |  |  |  |
| 9 | 7 |  |  |  |  |  | 8 | 4 |

**9**

|  |  | 1 |  |  | 9 |  |  |  |
|---|---|---|---|---|---|---|---|---|
| 8 |  |  | 7 | 3 |  |  | 1 | 5 |
|  |  |  | 4 |  |  |  |  | 2 |
| 7 | 9 |  | 1 |  | 3 |  |  |  |
|  | 3 |  |  |  |  |  | 7 |  |
|  |  |  | 5 |  | 4 |  | 6 | 9 |
| 1 |  |  |  |  | 5 |  |  |  |
| 4 | 5 |  |  | 8 | 6 |  |  | 3 |
|  |  |  | 2 |  |  | 8 |  |  |

**11**

| 3 |  |  | 1 |  |  |  |  |  |
|---|---|---|---|---|---|---|---|---|
|  | 1 | 7 | 4 |  | 8 | 6 |  |  |
| 4 | 5 |  |  |  |  |  | 7 | 2 |
|  |  | 5 | 7 | 9 |  | 4 | 2 |  |
|  | 4 |  |  | 1 |  |  | 5 |  |
|  | 8 | 2 |  | 4 | 5 | 3 |  |  |
| 6 | 3 |  |  |  |  |  | 9 | 5 |
|  |  | 4 | 9 |  | 1 | 2 | 6 |  |
|  |  |  |  |  | 6 |  |  | 1 |

**10**

|  |  |  | 6 |  |  |  | 4 | 3 |
|---|---|---|---|---|---|---|---|---|
|  |  |  |  |  | 4 |  | 2 | 8 |
|  |  | 4 |  | 2 |  | 5 |  | 9 |
| 8 |  |  | 3 |  |  |  |  |  |
| 2 | 4 |  |  |  |  |  | 7 | 6 |
|  |  |  |  |  | 7 |  |  | 5 |
| 9 |  | 8 |  | 6 |  | 1 |  |  |
| 1 | 6 |  | 5 |  |  |  |  |  |
| 4 | 7 |  |  |  | 8 |  |  |  |

**12**

# MEDUIM

| 4 | 2 |  |  |  | 5 |  | 7 |  |
|---|---|---|---|---|---|---|---|---|
|  | 8 | 5 | 4 |  |  |  | 3 |  |
|  |  |  |  | 7 |  | 4 |  |  |
| 8 |  |  | 9 |  |  |  |  | 3 |
|  |  | 7 | 5 |  | 4 | 1 |  |  |
| 6 |  |  |  |  | 3 |  |  | 2 |
|  |  | 1 |  | 5 |  |  |  |  |
|  | 6 |  |  |  | 2 | 3 | 1 |  |
|  | 4 |  | 1 |  |  |  | 9 | 7 |

**13**

|  | 8 | 2 |  |  | 3 |  |  |  |
|---|---|---|---|---|---|---|---|---|
|  |  |  |  | 5 |  |  | 9 |  |
|  | 7 |  | 6 |  |  | 5 |  | 8 |
| 2 |  | 4 |  |  | 1 |  |  |  |
|  | 1 |  | 4 |  | 7 |  | 8 |  |
|  |  |  | 2 |  |  | 6 |  | 1 |
| 3 |  | 5 |  |  | 9 |  | 7 |  |
|  | 6 |  |  | 7 |  |  |  |  |
|  |  |  | 5 |  |  | 4 | 2 |  |

**15**

|  | 1 |  | 3 |  |  | 4 |  | 8 |
|---|---|---|---|---|---|---|---|---|
|  | 8 |  | 6 | 9 | 1 |  |  | 5 |
|  |  |  |  |  |  | 9 |  |  |
|  |  |  |  |  | 9 | 6 |  | 7 |
|  |  |  | 8 |  | 3 |  |  |  |
| 4 |  | 2 | 5 |  |  |  |  |  |
|  |  | 6 |  |  |  |  |  |  |
| 9 |  |  | 4 | 5 | 2 |  | 3 |  |
| 2 |  | 3 |  |  | 7 |  | 8 |  |

**14**

|  | 4 |  |  |  | 5 |  | 2 | 9 |
|---|---|---|---|---|---|---|---|---|
|  |  |  |  | 9 |  | 5 | 4 |  |
|  |  | 1 |  |  |  |  | 6 |  |
| 8 |  |  | 6 | 2 |  |  |  |  |
| 6 |  |  | 5 |  | 1 |  |  | 8 |
|  |  |  |  | 7 | 9 |  |  | 3 |
|  | 1 |  |  |  |  | 4 |  |  |
|  | 3 | 7 |  | 5 |  |  |  |  |
| 2 | 8 |  | 3 |  |  |  | 9 |  |

**16**

# MEDUIM

| | 9 | | 1 | | 4 | | | |
|---|---|---|---|---|---|---|---|---|
| | 8 | 5 | 3 | 7 | | | | |
| 7 | | 2 | | | 6 | 4 | | 5 |
| | 6 | | | | | | 5 | 3 |
| 2 | | 4 | 5 | | 1 | 9 | | 6 |
| 8 | 5 | | | | | | 4 | |
| 9 | | 1 | 7 | | | 8 | | 2 |
| | | | | 6 | 8 | 3 | 1 | |
| | | | 9 | | 3 | | 7 | |

# 17

| | | 2 | | 9 | | 5 | | |
|---|---|---|---|---|---|---|---|---|
| | 4 | 5 | | | | 9 | 2 | |
| | | 8 | 2 | | 6 | 7 | | |
| 2 | | | 1 | | 5 | | | 9 |
| | | | | | | | | |
| 6 | | | 4 | | 3 | | | 7 |
| | | 6 | 8 | | 1 | 2 | | |
| | 9 | 1 | | | | 4 | 3 | |
| | | 3 | | 4 | | 6 | | |

# 18

| | | | | 9 | | | | |
|---|---|---|---|---|---|---|---|---|
| 7 | 5 | 3 | | | 6 | | | |
| 8 | | | | | | | 1 | 7 |
| 4 | | 5 | 6 | 8 | | 7 | | |
| | 8 | | | | | | 6 | |
| | | 9 | | 5 | 7 | 1 | | 8 |
| 1 | 6 | | | | | | | 3 |
| | | | 4 | | | 5 | 7 | 2 |
| | | | | 3 | | | | |

# 19

| | 2 | | | 7 | | | 5 | |
|---|---|---|---|---|---|---|---|---|
| 9 | | 6 | | 2 | | 7 | | 3 |
| | | | 9 | | 4 | | | |
| 4 | 1 | | | | | | 9 | 6 |
| | | 2 | | | | 4 | | |
| 8 | 7 | | | | | | 1 | 5 |
| | | | 7 | | 1 | | | |
| 2 | | 3 | | 4 | | 1 | | 8 |
| | 6 | | | 9 | | | 3 | |

# 20

# MEDUIM

|   |   | 2 | 4 |   | 7 |   |   | 3 |
|---|---|---|---|---|---|---|---|---|
|   |   |   | 1 |   |   |   |   | 7 |
|   | 8 | 9 |   |   | 2 |   |   |   |
|   |   | 6 |   | 8 |   | 9 | 5 |   |
|   |   |   | 9 |   | 6 |   |   |   |
|   | 4 | 7 |   | 1 |   | 3 |   |   |
|   |   |   | 3 |   |   | 2 | 6 |   |
| 5 |   |   |   |   | 1 |   |   |   |
| 6 |   |   | 8 |   | 4 | 7 |   |   |

**21**

|   | 4 | 2 |   | 6 | 7 |   |   | 8 |
|---|---|---|---|---|---|---|---|---|
|   |   |   | 9 |   |   |   | 1 | 4 |
|   | 5 |   |   | 2 |   | 6 |   | 7 |
|   |   |   | 1 |   |   | 7 |   | 5 |
|   | 1 | 5 | 2 |   | 9 | 3 | 8 |   |
| 2 |   | 3 |   |   | 6 |   |   |   |
| 4 |   | 1 |   | 9 |   |   | 7 |   |
| 9 | 7 |   |   |   | 2 |   |   |   |
| 5 |   |   | 7 | 3 |   | 9 | 6 |   |

**23**

|   | 3 |   |   |   |   | 7 |   | 6 |
|---|---|---|---|---|---|---|---|---|
|   |   |   | 4 |   |   |   |   |   |
|   | 7 |   | 1 | 2 | 6 |   | 4 |   |
| 7 |   |   | 6 |   |   | 1 |   |   |
| 4 | 1 |   | 7 |   | 2 |   | 6 | 5 |
|   |   | 8 |   |   | 9 |   |   | 7 |
|   | 4 |   | 8 | 3 | 7 |   | 5 |   |
|   |   |   |   |   | 5 |   |   |   |
| 6 |   | 7 |   |   |   |   | 9 |   |

**22**

|   |   | 1 | 5 |   | 8 | 3 |   |   |
|---|---|---|---|---|---|---|---|---|
|   | 3 |   |   |   | 2 | 9 | 7 |   |
| 9 | 4 |   |   | 6 |   |   |   | 5 |
| 1 | 7 |   |   | 8 |   |   |   | 4 |
|   |   | 3 | 6 |   | 4 | 8 |   |   |
| 4 |   |   |   | 3 |   |   | 5 | 7 |
| 6 |   |   |   | 4 |   |   | 2 | 8 |
|   | 2 | 4 | 9 |   |   |   | 1 |   |
|   |   | 5 | 8 |   | 7 | 4 |   |   |

**24**

# MEDUIM

|  |  | 6 | 1 |  | 2 | 8 |  |  |
|---|---|---|---|---|---|---|---|---|
|  | 1 |  |  | 5 |  | 2 | 7 |  |
| 4 | 2 | 9 |  |  |  | 3 |  | 1 |
| 1 |  |  | 5 |  | 8 |  |  | 7 |
|  | 9 |  |  | 6 |  |  | 1 |  |
| 5 |  |  | 2 |  | 1 |  |  | 4 |
| 6 |  | 7 |  |  |  | 4 | 2 | 3 |
|  | 3 | 5 |  | 7 |  |  | 9 |  |
|  |  | 1 | 8 |  | 3 | 7 |  |  |

## 25

|  |  |  |  |  | 1 |  | 4 | 6 |
|---|---|---|---|---|---|---|---|---|
| 3 |  |  | 7 |  | 5 | 2 |  |  |
|  |  |  |  |  |  | 3 | 7 |  |
| 8 |  |  |  | 1 |  |  |  | 9 |
|  | 4 | 2 |  |  |  | 1 | 8 |  |
| 9 |  |  |  | 2 |  |  |  | 4 |
|  | 7 | 9 |  |  |  |  |  |  |
|  |  | 1 | 8 |  | 9 |  |  | 5 |
| 4 | 3 |  | 6 |  |  |  |  |  |

## 27

|  | 6 | 1 | 9 |  |  | 2 | 4 |  |
|---|---|---|---|---|---|---|---|---|
| 2 |  |  |  | 6 |  |  |  | 8 |
|  | 7 | 8 |  | 3 |  | 5 |  |  |
|  | 4 |  |  |  | 2 | 9 | 1 | 3 |
|  |  |  | 4 |  | 3 |  |  |  |
| 7 | 9 | 3 | 5 |  |  |  | 2 |  |
|  |  | 5 |  | 8 |  | 4 | 9 |  |
| 9 |  |  |  | 2 |  |  |  | 6 |
|  | 1 | 7 |  |  | 9 | 3 | 5 |  |

## 26

|  | 9 |  |  |  | 4 | 5 |  |  |
|---|---|---|---|---|---|---|---|---|
| 4 | 2 |  |  | 7 | 5 |  |  | 9 |
| 8 |  |  |  |  | 3 | 1 |  |  |
|  | 1 |  |  |  |  | 8 |  |  |
|  | 8 |  |  |  |  |  | 3 |  |
|  |  | 4 |  |  |  |  | 2 |  |
|  |  | 7 | 3 |  |  |  |  | 4 |
| 5 |  |  | 2 | 4 |  |  | 1 | 6 |
|  |  | 2 | 9 |  |  |  | 8 |  |

## 28

# MEDUIM

|   | 7 |   | 1 |   |   | 6 | 8 |   |
|---|---|---|---|---|---|---|---|---|
| 9 | 8 |   |   | 4 |   |   |   |   |
|   |   | 6 | 3 |   |   |   | 2 |   |
| 7 |   |   |   |   | 9 |   |   |   |
|   |   | 9 | 8 |   | 4 | 5 |   |   |
|   |   |   | 6 |   |   |   |   | 1 |
|   | 4 |   |   |   | 3 | 1 |   |   |
|   |   |   |   | 2 |   |   | 5 | 4 |
|   | 2 | 3 |   |   | 1 |   | 7 |   |

## 29

| 4 |   | 7 |   | 5 |   |   | 8 | 1 |
|---|---|---|---|---|---|---|---|---|
| 2 |   |   |   |   |   | 3 |   |   |
|   | 9 |   | 8 |   |   |   |   | 7 |
|   |   |   | 9 |   | 3 | 5 |   |   |
| 7 |   |   |   | 8 |   |   |   | 2 |
|   |   | 1 | 6 |   | 4 |   |   |   |
| 3 |   |   |   |   | 8 |   | 2 |   |
|   |   | 6 |   |   |   |   |   | 4 |
| 8 | 4 |   |   | 9 |   | 6 |   | 5 |

## 31

|   | 6 |   |   |   |   |   |   |   |
|---|---|---|---|---|---|---|---|---|
|   | 1 | 7 |   |   | 4 |   | 8 |   |
|   |   | 2 | 5 |   | 3 | 7 |   | 1 |
|   |   | 6 | 3 | 2 |   |   |   |   |
| 7 |   |   |   |   |   |   |   | 9 |
|   |   |   |   | 7 | 9 | 8 |   |   |
| 5 |   | 9 | 6 |   | 8 | 4 |   |   |
|   | 4 |   | 1 |   |   | 6 | 5 |   |
|   |   |   |   |   |   |   | 7 |   |

## 30

|   |   | 9 |   | 8 | 6 |   | 5 |   |
|---|---|---|---|---|---|---|---|---|
|   |   | 6 |   | 9 | 7 |   | 1 |   |
| 3 |   |   |   | 2 |   |   |   | 4 |
|   |   | 7 |   |   |   |   | 2 |   |
|   |   | 2 |   |   |   | 6 |   |   |
|   | 5 |   |   |   |   | 7 |   |   |
| 6 |   |   |   | 3 |   |   |   | 1 |
|   | 9 |   | 8 | 4 |   | 5 |   |   |
|   | 3 |   | 6 | 1 |   | 2 |   |   |

## 32

# MEDUIM

|   | 2 |   |   | 7 |   |   | 5 |   |
|---|---|---|---|---|---|---|---|---|
| 9 |   | 6 |   | 2 |   | 7 |   | 3 |
|   |   |   | 9 |   | 4 |   |   |   |
| 4 | 1 |   |   |   |   |   | 9 | 6 |
|   |   | 2 |   |   |   | 4 |   |   |
| 8 | 7 |   |   |   |   |   | 1 | 5 |
|   |   |   | 7 |   | 1 |   |   |   |
| 2 |   | 3 |   | 4 |   | 1 |   | 8 |
|   | 6 |   |   | 9 |   |   | 3 |   |

**33**

|   |   |   |   |   | 7 | 6 | 3 |   |
|---|---|---|---|---|---|---|---|---|
| 4 |   |   |   | 8 |   |   | 5 | 9 |
|   | 1 |   |   |   |   | 2 |   | 8 |
|   |   |   | 8 |   |   |   |   | 4 |
|   |   | 8 | 4 |   | 5 | 1 |   |   |
| 6 |   |   |   |   | 1 |   |   |   |
| 2 |   | 5 |   |   |   |   | 6 |   |
| 7 | 4 |   |   | 9 |   |   |   | 2 |
|   | 3 | 9 | 6 |   |   |   |   |   |

**35**

|   |   |   | 1 |   |   |   |   | 6 |
|---|---|---|---|---|---|---|---|---|
|   | 3 |   |   | 4 |   |   | 7 | 9 |
|   |   | 2 |   | 7 |   | 5 |   |   |
| 6 | 4 |   |   |   | 8 | 3 |   |   |
|   |   |   | 7 |   | 1 |   |   |   |
|   |   | 1 | 3 |   |   |   | 5 | 2 |
|   |   | 7 |   | 2 |   | 9 |   |   |
| 9 | 1 |   |   | 8 |   |   | 3 |   |
| 2 |   |   |   |   | 6 |   |   |   |

**34**

|   |   | 4 |   | 3 |   | 2 |   |   |
|---|---|---|---|---|---|---|---|---|
| 7 |   | 2 |   |   |   | 8 |   | 3 |
| 8 |   |   | 9 |   | 7 |   |   | 6 |
|   | 6 |   | 3 |   | 2 |   | 4 |   |
|   |   | 9 |   |   |   | 1 |   |   |
|   | 7 |   | 5 |   | 9 |   | 2 |   |
| 9 |   |   | 8 |   | 4 |   |   | 1 |
| 1 |   | 8 |   |   |   | 5 |   | 2 |
|   |   | 7 |   | 6 |   | 9 |   |   |

**36**

# MEDUIM

| | 5 | | | 7 | 8 | | | 9 |
|---|---|---|---|---|---|---|---|---|
| | 3 | | | 2 | | | 1 | 4 |
| | | | | | | 3 | | 7 |
| | 9 | | 2 | 3 | | | | |
| 6 | 2 | | | | | | 9 | 3 |
| | | | | 9 | 7 | | 4 | |
| 1 | | 5 | | | | | | |
| 9 | 8 | | | 4 | | | 6 | |
| 2 | | | 7 | 5 | | | 8 | |

# 37

| | 1 | | | 8 | 9 | | | 2 |
|---|---|---|---|---|---|---|---|---|
| | 7 | | | 6 | | | 3 | 4 |
| | | | | | | 8 | | 7 |
| | 5 | | 2 | 7 | | | | |
| 7 | 3 | | | | | | 6 | 9 |
| | | | | 9 | 6 | | 2 | |
| 8 | | 5 | | | | | | |
| 3 | 4 | | | 1 | | | 9 | |
| 6 | | | 8 | 2 | | | 4 | |

# 39

| | | | | | 6 | | 9 | 1 |
|---|---|---|---|---|---|---|---|---|
| 2 | | | 9 | | 4 | 5 | | |
| | | | | | | 4 | 7 | |
| 6 | | | | 8 | | | | 7 |
| | 9 | 2 | | | | 1 | 8 | |
| 8 | | | | 6 | | | | 4 |
| | 1 | 5 | | | | | | |
| | | 3 | 4 | | 7 | | | 8 |
| 7 | 8 | | 3 | | | | | |

# 38

| | | | | | 2 | | 3 | 6 |
|---|---|---|---|---|---|---|---|---|
| 8 | | 3 | | 7 | | | 4 | |
| 9 | | 7 | 1 | | | | | |
| 7 | | | | | | | 9 | |
| | 3 | | 5 | | 6 | | 8 | |
| | 9 | | | | | | | 1 |
| | | | | | 1 | 8 | | 5 |
| | 5 | | | 6 | | 9 | | 4 |
| 2 | 8 | | 7 | | | | | |

# 40

# MEDUIM

| 8 |  |  | 3 |  |  |  | 6 | 5 |
|---|---|---|---|---|---|---|---|---|
|  | 5 | 7 |  |  | 2 | 9 |  |  |
| 9 |  |  |  | 7 |  |  |  |  |
|  | 1 | 9 |  | 3 |  |  |  | 8 |
| 7 |  |  |  |  |  |  |  | 3 |
| 4 |  |  |  | 8 |  | 5 | 2 |  |
|  |  |  |  | 6 |  |  |  | 1 |
|  |  | 5 | 4 |  |  | 2 | 3 |  |
| 6 | 4 |  |  |  | 1 |  |  |  |

**41**

|  | 7 | 5 |  |  |  |  |  |  |
|---|---|---|---|---|---|---|---|---|
| 8 |  |  | 5 |  |  | 9 | 3 |  |
|  |  | 3 | 9 |  |  |  | 2 |  |
|  | 1 |  |  | 5 |  |  |  | 7 |
|  | 8 |  | 3 |  | 4 |  | 9 |  |
| 4 |  |  |  | 1 |  |  | 6 |  |
|  | 9 |  |  |  | 7 | 4 |  |  |
|  | 2 | 4 |  |  | 3 |  |  | 6 |
|  |  |  |  |  |  | 2 | 8 |  |

**43**

| 5 |  | 7 |  |  |  |  |  | 8 |
|---|---|---|---|---|---|---|---|---|
| 6 | 8 |  |  |  | 4 |  | 1 |  |
| 2 | 4 |  |  |  | 5 | 6 | 3 |  |
|  | 7 |  |  | 9 | 3 |  |  | 2 |
|  |  | 4 | 1 |  | 2 | 8 |  |  |
| 9 |  |  | 7 | 6 |  |  | 4 |  |
|  | 9 | 6 | 2 |  |  |  | 5 | 3 |
|  | 2 |  | 6 |  |  |  | 8 | 4 |
| 8 |  |  |  |  |  | 2 |  | 6 |

**42**

|  |  | 9 | 7 |  |  |  |  |  |
|---|---|---|---|---|---|---|---|---|
|  |  | 2 |  | 1 | 9 |  |  |  |
|  |  | 6 |  |  |  | 8 | 9 | 2 |
|  | 4 |  | 1 |  | 5 |  |  | 6 |
|  | 5 |  |  |  |  |  | 4 |  |
| 3 |  |  | 4 |  | 6 |  | 7 |  |
| 7 | 9 | 3 |  |  |  | 6 |  |  |
|  |  |  | 2 | 3 |  | 5 |  |  |
|  |  |  |  |  | 8 | 7 |  |  |

**44**

# MEDUIM

| 3 |  |  | 2 |  | 9 |  |  | 8 |
|---|---|---|---|---|---|---|---|---|
|  |  |  | 5 |  |  | 7 |  |  |
|  | 9 |  |  | 8 |  |  |  |  |
| 7 |  |  |  | 5 |  |  | 3 | 9 |
|  |  | 5 | 9 |  | 6 | 8 |  |  |
| 1 | 6 |  |  | 3 |  |  |  | 4 |
|  |  |  |  | 7 |  |  | 8 |  |
|  |  | 4 |  |  | 1 |  |  |  |
| 8 |  |  | 4 |  | 2 |  |  | 6 |

**45**

| 7 |  |  | 2 |  |  |  |  |  |
|---|---|---|---|---|---|---|---|---|
|  | 2 |  |  | 1 | 3 |  |  | 7 |
|  | 1 | 4 |  | 7 |  | 5 |  | 9 |
|  |  |  |  |  |  | 3 | 1 |  |
|  |  |  | 6 |  | 5 |  |  |  |
|  | 8 | 2 |  |  |  |  |  |  |
| 5 |  | 1 |  | 3 |  | 9 | 8 |  |
| 6 |  |  | 1 | 4 |  |  | 5 |  |
|  |  |  |  |  | 8 |  |  | 3 |

**47**

|  | 3 |  |  |  |  |  | 9 |  |
|---|---|---|---|---|---|---|---|---|
| 1 |  |  | 2 | 3 | 7 |  |  | 6 |
|  |  | 8 |  |  |  | 3 |  |  |
| 9 |  | 5 | 7 |  | 2 | 8 |  | 3 |
|  |  |  | 6 |  | 3 |  |  |  |
| 3 |  | 2 | 4 |  | 9 | 7 |  | 5 |
|  |  | 1 |  |  |  | 6 |  |  |
| 7 |  |  | 8 | 9 | 6 |  |  | 1 |
|  | 9 |  |  |  |  |  | 4 |  |

**46**

|  |  | 4 |  |  |  | 9 |  |  |
|---|---|---|---|---|---|---|---|---|
|  |  |  | 1 |  | 6 |  |  |  |
| 9 | 3 |  | 2 |  | 7 |  | 1 | 8 |
|  | 8 |  | 6 |  | 2 |  | 5 |  |
|  |  | 2 |  |  |  | 3 |  |  |
|  | 5 |  | 9 |  | 4 |  | 7 |  |
| 5 | 2 |  | 8 |  | 3 |  | 4 | 9 |
|  |  |  | 4 |  | 1 |  |  |  |
|  |  | 6 |  |  |  | 5 |  |  |

**48**

# MEDUIM

| 9 |  |  | 4 |  |  |  | 2 | 7 |
|---|---|---|---|---|---|---|---|---|
|  |  |  |  |  |  |  |  | 8 |
|  |  | 7 |  |  | 1 | 3 |  | 4 |
|  |  |  |  |  | 5 | 8 | 1 |  |
| 1 |  | 4 | 3 |  | 6 | 9 |  | 5 |
|  | 7 | 5 | 1 |  |  |  |  |  |
| 7 |  | 2 | 9 |  |  | 6 |  |  |
| 3 |  |  |  |  |  |  |  |  |
| 8 | 1 |  |  |  | 4 |  |  | 2 |

## 49

| 4 | 2 |  | 9 |  |  | 3 |  |
|---|---|---|---|---|---|---|---|
|  |  |  | 5 |  |  | 9 |  |
|  |  |  | 3 | 4 |  |  | 7 |
|  | 4 |  |  |  | 2 | 5 | 8 |
|  |  |  |  |  |  |  |  |
|  | 1 | 7 | 6 |  |  |  | 3 |
|  | 6 |  |  | 7 | 8 |  |  |
| 1 |  | 3 |  |  | 5 |  |  |
|  |  | 4 |  |  | 9 |  | 2 |

## 51

|  |  | 5 | 3 |  | 9 | 2 |  |  |
|---|---|---|---|---|---|---|---|---|
|  | 3 |  |  |  | 8 | 1 | 6 |  |
| 8 | 2 |  |  | 1 |  |  |  | 3 |
| 6 | 1 |  |  | 5 |  |  |  | 8 |
|  |  | 3 | 2 |  | 4 | 6 |  |  |
| 4 |  |  |  | 9 |  |  | 3 | 5 |
| 7 |  |  |  | 3 |  |  | 5 | 6 |
|  | 4 | 8 | 9 |  |  |  | 7 |  |
|  |  | 6 | 8 |  | 1 | 9 |  |  |

## 50

|  |  | 7 |  |  |  |  | 8 |
|---|---|---|---|---|---|---|---|
|  |  |  | 7 |  |  | 2 |  |
| 2 | 5 |  | 4 |  |  | 6 |  |
| 8 |  | 2 |  |  | 1 |  |  |
| 9 |  |  | 5 |  | 6 |  |  |
|  |  |  | 8 |  |  | 4 |  |
| 7 |  | 5 |  |  | 2 |  | 6 |
|  |  | 1 |  |  | 7 |  |  |
|  | 9 |  |  |  |  | 3 |  |

## 52

# MEDUIM

| | | 3 | 9 | | 8 | | | |
|---|---|---|---|---|---|---|---|---|
| | | | | | | | 3 | 7 |
| | | | | | 7 | 2 | | |
| 6 | 2 | | | 4 | | 8 | 1 | |
| 5 | 4 | | | | | | 7 | 2 |
| | 3 | 8 | | 9 | | | 5 | 6 |
| | | 1 | 6 | | | | | |
| 9 | 7 | | | | | | | |
| | | | 3 | | 5 | 9 | | |

## 53

| | | 2 | | | | 6 | | |
|---|---|---|---|---|---|---|---|---|
| | | | 9 | | 1 | | | |
| 5 | 9 | | 8 | | 6 | | 4 | 1 |
| | 3 | | 6 | | 5 | | 2 | |
| | | 6 | | | | 8 | | |
| | 5 | | 1 | | 7 | | 6 | |
| 3 | 1 | | 5 | | 8 | | 7 | 9 |
| | | | 7 | | 4 | | | |
| | | 7 | | | | 3 | | |

## 54

| | 8 | | 6 | | 9 | 3 | | |
|---|---|---|---|---|---|---|---|---|
| | | 2 | | 7 | 4 | 8 | | 6 |
| 7 | 3 | | | | | | 1 | |
| 2 | 9 | | 7 | | 6 | | | 1 |
| | 7 | | | 9 | | | 6 | |
| 5 | | | 4 | | 3 | | 8 | 9 |
| | 2 | | | | | | 4 | 3 |
| 6 | | 3 | 9 | 4 | | 1 | | |
| | | 7 | 5 | | 8 | | 9 | |

## 55

| 5 | 6 | | 1 | | 2 | | | |
|---|---|---|---|---|---|---|---|---|
| | | 4 | | | 5 | | 2 | |
| | | | | | 3 | | 6 | |
| 2 | | | | 1 | | 8 | | |
| 7 | 1 | | | | | | 3 | 6 |
| | | 8 | | 9 | | | | 5 |
| | 9 | | 6 | | | | | |
| | 4 | | 8 | | | 9 | | |
| | | | 2 | | 9 | | 7 | 1 |

## 56

# MEDUIM

| | | 3 | | 9 | | 2 | | |
|---|---|---|---|---|---|---|---|---|
| 2 | | 6 | | | | 4 | | 7 |
| 9 | | | 2 | | 4 | | | 6 |
| | 3 | | 5 | | 8 | | 4 | |
| | | 7 | | | | 5 | | |
| | 2 | | 4 | | 1 | | 7 | |
| 3 | | | 6 | | 2 | | | 9 |
| 5 | | 1 | | | | 8 | | 4 |
| | | 2 | | 4 | | 3 | | |

**57**

| | | 9 | | 4 | | 5 | | |
|---|---|---|---|---|---|---|---|---|
| 8 | | | | | | | | 7 |
| | 6 | | 8 | | 1 | | 4 | |
| 4 | 3 | | | | | | 2 | 5 |
| | | | 3 | | 5 | | | |
| 2 | 9 | | | | | | 3 | 6 |
| | 1 | | 7 | | 9 | | 8 | |
| 6 | | | | | | | | 9 |
| | | 7 | | 1 | | 3 | | |

**59**

| 1 | | 5 | | | | | 6 | 2 |
|---|---|---|---|---|---|---|---|---|
| 8 | 2 | | | | 5 | 7 | 4 | |
| | 9 | | | 7 | 8 | | | 3 |
| | 4 | 8 | 6 | | 7 | | | |
| | | 6 | | 1 | | 4 | | |
| | | | 5 | | 4 | 6 | 3 | |
| 4 | | | 7 | 2 | | | 8 | |
| | 8 | 7 | 9 | | | | 1 | 6 |
| 2 | 3 | | | | | 9 | | 4 |

**58**

| 7 | | | | 8 | | | | 1 |
|---|---|---|---|---|---|---|---|---|
| | | 9 | 6 | | 3 | 8 | | |
| | | 3 | | | | 5 | | |
| | 4 | 5 | | | | 9 | 2 | |
| | | | 5 | | 6 | | | |
| | 3 | 2 | | | | 1 | 7 | |
| | | 6 | | | | 7 | | |
| | | 8 | 1 | | 9 | 3 | | |
| 5 | | | | 7 | | | | 4 |

**60**

# MEDUIM

| | 2 | | 7 | 1 | | | 9 | 6 |
|---|---|---|---|---|---|---|---|---|
| | 8 | 1 | | | | | | |
| | | | 4 | | 2 | | | 5 |
| | 6 | | | | 7 | | | 3 |
| | 1 | | | | | | 5 | |
| 2 | | | 9 | | | | 6 | |
| 5 | | | 3 | | 4 | | | |
| | | | | | | 7 | 3 | |
| 1 | 3 | | | 2 | 8 | | 4 | |

**61**

| | | | | 3 | | | 1 | 2 |
|---|---|---|---|---|---|---|---|---|
| | | 9 | | 2 | | 8 | | 4 |
| | 3 | | | | 1 | | | 5 |
| | | | 3 | 9 | | 1 | | |
| 5 | | | | | | | | 6 |
| | | 8 | | 5 | 4 | | | |
| 2 | | | 9 | | | | 7 | |
| 6 | | 3 | | 7 | | 4 | | |
| 9 | 8 | | | 6 | | | | |

**63**

| | | | | 3 | 2 | | 7 | |
|---|---|---|---|---|---|---|---|---|
| 3 | 9 | | | | 7 | | 8 | |
| | | 8 | | | 5 | 4 | | |
| 6 | 1 | 2 | | | | | | |
| 9 | | | | 6 | | | | 4 |
| | | | | | | 6 | 1 | 8 |
| | | 3 | 9 | | | 5 | | |
| | 5 | | 7 | | | | 2 | 1 |
| | 6 | | 5 | 2 | | | | |

**62**

| | | 9 | | | | 2 | | |
|---|---|---|---|---|---|---|---|---|
| 2 | 1 | | | | | | 7 | 6 |
| | 8 | | 7 | | 1 | | 5 | |
| 5 | | | 8 | | 6 | | | 7 |
| | | | 5 | | 3 | | | |
| 1 | | | 2 | | 4 | | | 8 |
| | 5 | | 9 | | 7 | | 2 | |
| 3 | 4 | | | | | | 9 | 5 |
| | | 8 | | | | 1 | | |

**64**

# MEDUIM

| | | 3 | | 7 | | 1 | | |
|---|---|---|---|---|---|---|---|---|
| | 8 | | | | | | 4 | |
| | | 9 | 5 | | 8 | 6 | | |
| 6 | | | 8 | | 9 | | | 3 |
| | | | 6 | | 7 | | | |
| 2 | | | 1 | | 3 | | | 5 |
| | | 6 | 3 | | 2 | 4 | | |
| | 9 | | | | | | 7 | |
| | | 5 | | 9 | | 8 | | |

**65**

| | 6 | | 7 | | | 8 | 9 | |
|---|---|---|---|---|---|---|---|---|
| 9 | 4 | | | 5 | | | | |
| | | 3 | 4 | | | | 6 | |
| 4 | | | | | 7 | | | |
| | | 8 | 1 | | 6 | 3 | | |
| | | | 9 | | | | | 8 |
| | 2 | | | | 4 | 9 | | |
| | | | | 1 | | | 2 | 5 |
| | 3 | 5 | | | 9 | | 7 | |

**67**

| | 1 | | 8 | | 4 | | 2 | |
|---|---|---|---|---|---|---|---|---|
| 2 | | | 9 | | 1 | | | 3 |
| | | 9 | | | | 7 | | |
| 5 | | | 4 | | 7 | | | 8 |
| 8 | | | | 6 | | | | 2 |
| 1 | | | 2 | | 3 | | | 7 |
| | | 4 | | | | 3 | | |
| 9 | | | 3 | | 5 | | | 6 |
| | 7 | | 1 | | 6 | | 5 | |

**66**

| 7 | | | | | | | | 1 |
|---|---|---|---|---|---|---|---|---|
| | 9 | 1 | | 7 | | 5 | 2 | |
| | | | 1 | | 2 | | | |
| | 8 | | 2 | | 3 | | 9 | |
| | 1 | | | | | | 8 | |
| | 6 | | 9 | | 4 | | 3 | |
| | | | 8 | | 7 | | | |
| | 7 | 6 | | 3 | | 9 | 4 | |
| 4 | | | | | | | | 8 |

**68**

# MEDUIM

|   |   |   |   |   |   |   |   |   |
|---|---|---|---|---|---|---|---|---|
|   |   | 1 | 6 |   |   | 8 |   |   |
|   | 5 |   |   | 7 | 9 |   | 4 |   |
| 3 |   | 2 |   |   | 1 | 5 |   | 7 |
|   | 3 | 7 |   | 8 |   |   |   | 4 |
|   | 8 |   | 4 |   | 7 |   | 5 |   |
| 5 |   |   |   | 9 |   | 2 | 7 |   |
| 6 |   | 5 | 2 |   |   | 9 |   | 3 |
|   | 2 |   | 9 | 3 |   |   | 1 |   |
|   |   | 3 |   |   | 8 | 4 |   |   |

**69**

|   |   |   |   |   |   |   |   |   |
|---|---|---|---|---|---|---|---|---|
| 7 |   |   |   | 9 |   | 4 |   |   |
|   |   | 6 | 1 |   |   |   | 3 | 7 |
|   |   |   | 7 |   |   |   |   |   |
|   | 1 | 8 |   | 7 |   |   |   | 5 |
|   | 5 |   | 4 |   | 2 |   | 7 |   |
| 3 |   |   |   | 8 |   | 9 | 2 |   |
|   |   |   |   |   | 9 |   |   |   |
| 5 | 9 |   |   |   | 8 | 6 |   |   |
|   |   | 3 |   | 5 |   |   |   | 8 |

**71**

|   |   |   |   |   |   |   |   |   |
|---|---|---|---|---|---|---|---|---|
|   |   |   | 3 |   |   |   | 1 | 8 |
|   |   |   |   |   | 5 |   | 6 | 9 |
|   |   | 6 |   | 8 |   | 7 |   | 5 |
| 2 |   |   | 9 |   |   |   |   |   |
| 6 | 5 |   |   |   |   |   | 3 | 4 |
|   |   |   |   |   | 7 |   |   | 1 |
| 8 |   | 2 |   | 3 |   | 1 |   |   |
| 5 | 3 |   | 6 |   |   |   |   |   |
| 7 | 4 |   |   |   | 9 |   |   |   |

**70**

|   |   |   |   |   |   |   |   |   |
|---|---|---|---|---|---|---|---|---|
| 5 | 4 |   |   |   |   |   | 3 | 8 |
| 3 | 6 |   | 8 |   | 4 |   |   | 7 |
|   |   |   |   | 3 | 5 | 9 |   |   |
|   |   |   |   | 5 | 2 |   | 8 | 9 |
|   | 2 | 5 |   |   |   | 3 | 6 |   |
| 1 | 9 |   | 3 | 4 |   |   |   |   |
|   |   | 2 | 5 | 8 |   |   |   |   |
| 9 |   |   | 6 |   | 7 |   | 1 | 3 |
| 8 | 3 |   |   |   |   |   | 7 | 5 |

**72**

# MEDUIM

|   | 4 | 3 |   |   | 5 |   |   |   |
|---|---|---|---|---|---|---|---|---|
| 8 |   |   | 4 |   |   |   | 2 | 3 |
| 1 |   |   |   |   | 7 | 6 |   |   |
|   |   | 1 |   |   |   | 8 | 4 |   |
|   |   |   | 1 |   | 3 |   |   |   |
|   | 5 | 9 |   |   |   | 1 |   |   |
|   |   | 8 | 2 |   |   |   |   | 9 |
| 3 | 6 |   |   |   | 1 |   |   | 8 |
|   |   |   | 3 |   |   | 7 | 6 |   |

## 73

|   | 7 |   |   |   |   |   |   |   |
|---|---|---|---|---|---|---|---|---|
|   | 1 | 4 |   |   | 5 |   | 8 |   |
|   |   | 3 | 6 |   | 4 | 9 |   | 1 |
|   |   | 5 | 7 | 2 |   |   |   |   |
| 6 |   |   |   |   |   |   |   | 2 |
|   |   |   |   | 9 | 6 | 5 |   |   |
| 4 |   | 1 | 8 |   | 7 | 3 |   |   |
|   | 3 |   | 5 |   |   | 8 | 9 |   |
|   |   |   |   |   |   |   | 4 |   |

## 75

| 3 | 1 |   | 6 |   |   | 9 |   |   |
|---|---|---|---|---|---|---|---|---|
|   |   |   | 7 |   |   | 2 |   | 4 |
|   |   |   | 5 | 1 |   |   | 6 |   |
|   | 9 |   |   |   | 1 | 5 | 8 |   |
|   |   |   |   |   |   |   |   |   |
|   | 8 | 7 | 9 |   |   |   | 4 |   |
|   | 4 |   |   | 5 | 6 |   |   |   |
| 2 |   | 3 |   |   | 8 |   |   |   |
|   |   | 5 |   |   | 3 |   | 9 | 8 |

## 74

|   | 1 | 4 |   |   | 8 |   |   |   |
|---|---|---|---|---|---|---|---|---|
| 3 |   |   | 9 |   |   |   | 8 | 7 |
| 8 |   |   |   |   | 6 | 5 |   |   |
|   |   | 6 |   |   |   | 3 | 1 |   |
|   |   |   | 2 |   | 4 |   |   |   |
|   | 7 | 9 |   |   |   | 2 |   |   |
|   |   | 8 | 7 |   |   |   |   | 4 |
| 6 | 4 |   |   |   | 5 |   |   | 3 |
|   |   |   | 8 |   |   | 7 | 5 |   |

## 75

# MEDUIM

| 7 | 6 |  |  |  |  |  |  |  |
|---|---|---|---|---|---|---|---|---|
|  |  | 8 |  | 1 |  |  | 2 | 5 |
|  |  |  |  | 4 | 6 |  |  | 1 |
|  |  |  | 4 | 9 | 8 |  | 7 |  |
|  | 8 |  |  |  |  |  | 5 |  |
|  | 3 |  | 1 | 5 | 2 |  |  |  |
| 4 |  |  | 8 | 3 |  |  |  |  |
| 2 | 9 |  |  | 6 |  | 5 |  |  |
|  |  |  |  |  |  |  | 9 | 4 |

**76**

| 3 |  |  | 9 |  |  |  | 8 | 2 |
|---|---|---|---|---|---|---|---|---|
|  | 9 | 8 |  |  | 2 | 3 |  |  |
| 4 |  |  |  | 7 |  |  |  |  |
|  | 8 | 2 |  | 3 |  |  |  | 7 |
| 6 |  |  |  |  |  |  |  | 1 |
| 9 |  |  |  | 8 |  | 4 | 5 |  |
|  |  |  |  | 5 |  |  |  | 4 |
|  |  | 7 | 1 |  |  | 9 | 6 |  |
| 1 | 5 |  |  |  | 7 |  |  |  |

**78**

|  | 1 |  |  |  |  |  | 2 |  |
|---|---|---|---|---|---|---|---|---|
| 5 |  |  | 7 | 3 | 4 |  |  | 8 |
|  |  | 8 |  |  |  | 3 |  |  |
| 2 |  | 6 | 4 |  | 7 | 9 |  | 1 |
|  |  |  | 8 |  | 2 |  |  |  |
| 4 |  | 1 | 9 |  | 3 | 2 |  | 5 |
|  |  | 3 |  |  |  | 8 |  |  |
| 9 |  |  | 3 | 8 | 5 |  |  | 2 |
|  | 5 |  |  |  |  |  | 4 |  |

**77**

|  | 3 | 2 |  |  |  |  | 4 |  |
|---|---|---|---|---|---|---|---|---|
| 8 |  |  | 5 |  | 2 |  |  | 9 |
|  |  |  | 6 |  |  |  | 3 | 2 |
| 5 |  |  |  |  | 1 |  |  |  |
|  | 4 | 9 |  | 6 |  | 5 | 8 |  |
|  |  |  | 9 |  |  |  |  | 6 |
| 3 | 8 |  |  |  | 9 |  |  |  |
| 2 |  |  | 7 |  | 8 |  |  | 3 |
|  | 1 |  |  |  |  | 9 | 7 |  |

**79**

# MEDUIM

| | | | | | | | | |
|---|---|---|---|---|---|---|---|---|
| 7 | 1 | | 9 | | 2 | | | |
| | | 5 | | | 4 | | 9 | |
| | | | | | 1 | | 8 | |
| 9 | | | | 5 | | 6 | | |
| 3 | 7 | | | | | | 2 | 4 |
| | | 1 | | 4 | | | | 7 |
| | 6 | | 3 | | | | | |
| | 3 | | 8 | | | 2 | | |
| | | | 4 | | 9 | | 7 | 5 |

**80**

| | | | | | | | | |
|---|---|---|---|---|---|---|---|---|
| | 6 | | 5 | | 2 | | | |
| | 5 | 2 | 1 | 8 | | | | |
| 9 | | 1 | | | 6 | 5 | | 8 |
| | 8 | | | | | | 5 | 2 |
| 6 | | 3 | 9 | | 5 | 1 | | 4 |
| 1 | 7 | | | | | | 3 | |
| 5 | | 8 | 2 | | | 6 | | 3 |
| | | | | 6 | 4 | 2 | 1 | |
| | | | 3 | | 9 | | 4 | |

**83**

| | | | | | | | | |
|---|---|---|---|---|---|---|---|---|
| | 5 | 8 | | | | | 6 | |
| 4 | | | 8 | | 2 | | | 1 |
| | | | 1 | | | | 7 | 8 |
| 3 | | | | | 4 | | | |
| | 6 | 4 | | 3 | | 7 | 8 | |
| | | | 5 | | | | | 9 |
| 5 | 1 | | | | 7 | | | |
| 2 | | | 6 | | 8 | | | 3 |
| | 9 | | | | | 6 | 2 | |

**81**

| | | | | | | | | |
|---|---|---|---|---|---|---|---|---|
| 4 | | | | 3 | | | | 2 |
| | | | | | 1 | | | |
| 8 | 1 | | 6 | 9 | | | 7 | |
| | | | | | | | 2 | 5 |
| 7 | 9 | | 1 | | 4 | | 8 | 3 |
| 6 | 2 | | | | | | | |
| | 8 | | | 6 | 3 | | 1 | 9 |
| | | | 2 | | | | | |
| 2 | | | | 5 | | | | 6 |

**84**

# MEDUIM

| 3 |  |  | 9 |  |  |  | 8 | 2 |
|---|---|---|---|---|---|---|---|---|
|  | 9 | 8 |  |  | 2 | 3 |  |  |
| 4 |  |  |  | 7 |  |  |  |  |
|  | 8 | 2 |  | 3 |  |  |  | 7 |
| 6 |  |  |  |  |  |  |  | 1 |
| 9 |  |  |  | 8 |  | 4 | 5 |  |
|  |  |  |  | 5 |  |  |  | 4 |
|  |  | 7 | 1 |  |  | 9 | 6 |  |
| 1 | 5 |  |  |  | 7 |  |  |  |

## 85

|  |  | 2 |  |  | 3 |  |  |  |
|---|---|---|---|---|---|---|---|---|
|  | 7 |  | 5 | 6 |  |  |  | 9 |
| 9 | 3 | 5 | 1 |  |  |  |  |  |
|  |  |  |  | 1 |  | 6 |  |  |
| 4 | 6 |  |  |  |  |  | 5 | 2 |
|  |  | 7 |  | 2 |  |  |  |  |
|  |  |  |  |  | 6 | 3 | 4 | 1 |
| 3 |  |  |  | 9 | 7 |  | 6 |  |
|  |  |  | 8 |  |  | 7 |  |  |

## 87

|  |  |  |  |  | 5 | 2 |  |  |
|---|---|---|---|---|---|---|---|---|
|  |  |  |  | 2 |  | 3 |  |  |
| 8 | 7 |  | 1 |  | 3 |  | 5 |  |
|  | 4 | 1 | 8 |  |  |  |  | 5 |
| 7 |  |  |  |  |  |  |  | 2 |
| 5 |  |  |  |  | 1 | 6 | 3 |  |
|  | 2 |  | 5 |  | 4 |  | 7 | 8 |
|  |  | 6 |  | 8 |  |  |  |  |
|  |  | 7 | 9 |  |  |  |  |  |

## 86

| 6 |  |  |  | 3 |  |  | 2 |  |
|---|---|---|---|---|---|---|---|---|
| 8 | 4 | 3 |  |  |  |  | 9 | 1 |
|  |  |  | 4 |  |  |  |  |  |
|  |  |  | 8 |  | 1 | 2 |  |  |
| 9 | 2 |  |  |  |  |  | 7 | 4 |
|  |  | 5 | 2 |  | 4 |  |  |  |
|  |  |  |  |  | 3 |  |  |  |
| 2 | 5 |  |  |  |  | 3 | 1 | 6 |
|  | 7 |  |  | 4 |  |  |  | 2 |

## 88

# MEDUIM

| 4 |  | 8 |  |  |  |  |  | 5 |
|---|---|---|---|---|---|---|---|---|
| 9 | 5 |  |  |  | 7 |  | 3 |  |
| 3 | 1 |  |  |  | 8 | 2 | 6 |  |
|  | 8 |  |  | 7 | 4 |  |  | 2 |
|  |  | 4 | 3 |  | 5 | 6 |  |  |
| 7 |  |  | 2 | 6 |  |  | 4 |  |
|  | 4 | 3 | 7 |  |  |  | 8 | 6 |
|  | 7 |  | 6 |  |  |  | 2 | 1 |
| 1 |  |  |  |  |  | 5 |  | 3 |

**89**

|  | 7 | 3 |  |  | 2 |  |  |  |
|---|---|---|---|---|---|---|---|---|
| 6 |  |  | 5 |  |  |  | 3 | 4 |
| 4 |  |  |  |  | 1 | 8 |  |  |
|  |  | 5 |  |  |  | 3 | 1 |  |
|  |  |  | 1 |  | 9 |  |  |  |
|  | 9 | 4 |  |  |  | 6 |  |  |
|  |  | 2 | 4 |  |  |  |  | 3 |
| 7 | 3 |  |  |  | 8 |  |  | 6 |
|  |  |  | 9 |  |  | 7 | 5 |  |

**91**

|  |  |  | 6 | 1 |  | 5 |  | 4 |
|---|---|---|---|---|---|---|---|---|
| 3 |  |  | 8 |  |  |  |  | 9 |
|  | 1 |  |  |  | 9 |  | 7 |  |
|  |  |  | 9 | 8 |  |  | 1 | 2 |
|  |  |  |  |  |  |  |  |  |
| 1 | 9 |  |  | 4 | 3 |  |  |  |
|  | 7 |  | 5 |  |  |  | 4 |  |
| 8 |  |  |  |  | 1 |  |  | 6 |
| 5 |  | 3 |  | 2 | 6 |  |  |  |

**90**

|  |  |  |  | 3 | 5 |  |  |  |
|---|---|---|---|---|---|---|---|---|
| 3 | 8 |  |  |  |  | 2 |  |  |
|  |  | 5 | 2 |  |  |  |  | 6 |
| 9 |  |  |  |  | 2 |  | 1 | 8 |
|  | 4 |  |  |  |  |  | 5 |  |
| 1 | 6 |  | 8 |  |  |  |  | 7 |
| 4 |  |  |  |  | 3 | 7 |  |  |
|  |  | 8 |  |  |  |  | 3 | 1 |
|  |  |  | 6 | 1 |  |  |  |  |

**92**

# MEDUIM

| 2 |  | 8 | 4 |  |  |  |  | 6 |
|---|---|---|---|---|---|---|---|---|
| 3 |  |  |  |  | 2 |  |  | 1 |
|  | 9 |  |  |  | 7 |  | 5 |  |
|  | 6 | 9 |  |  |  | 1 |  |  |
|  |  |  | 5 | 8 | 6 |  |  |  |
|  |  | 2 |  |  |  | 6 | 3 |  |
|  | 2 |  | 6 |  |  |  | 4 |  |
| 5 |  |  | 2 |  |  |  |  | 7 |
| 6 |  |  |  |  | 3 | 2 |  | 8 |

# 93

| 1 |  |  |  |  | 3 |  |  | 7 |
|---|---|---|---|---|---|---|---|---|
|  | 5 | 7 |  |  |  | 9 | 2 |  |
| 2 |  |  |  |  | 9 |  |  |  |
|  |  | 5 | 6 |  | 4 |  |  |  |
|  |  |  | 9 | 3 | 1 |  |  |  |
|  |  |  | 7 |  | 5 | 8 |  |  |
|  |  |  | 1 |  |  |  |  | 6 |
|  | 2 | 8 |  |  |  | 5 | 7 |  |
| 3 |  |  | 8 |  |  |  |  | 4 |

# 94

|  | 6 | 8 | 1 |  | 2 |  |  |  |
|---|---|---|---|---|---|---|---|---|
|  | 2 |  | 4 |  |  |  | 8 | 1 |
|  |  | 5 |  |  | 6 | 2 |  | 4 |
| 6 |  | 9 | 2 |  | 3 |  | 5 | 8 |
|  |  |  |  |  |  |  |  |  |
| 5 | 1 |  | 8 |  | 9 | 4 |  | 7 |
| 3 |  | 2 | 6 |  |  | 8 |  |  |
| 8 | 9 |  |  |  | 7 |  | 4 |  |
|  |  |  | 9 |  | 8 | 3 | 1 |  |

# 95

| 4 | 5 |  | 7 | 9 |  | 3 |  | 6 |
|---|---|---|---|---|---|---|---|---|
| 2 | 6 |  |  |  | 4 |  |  | 5 |
|  |  | 8 |  |  | 2 |  | 1 |  |
| 9 | 4 |  |  | 8 |  | 1 | 5 |  |
|  |  |  |  |  |  |  |  |  |
|  | 8 | 5 |  | 1 |  |  | 4 | 2 |
|  | 9 |  | 3 |  |  | 2 |  |  |
| 8 |  |  | 4 |  |  |  | 7 | 1 |
| 1 |  | 7 |  | 6 | 5 |  | 3 | 9 |

# 96

# MEDUIM

| 6 |  |  |  | 1 |  |  |  | 8 |
|---|---|---|---|---|---|---|---|---|
| 3 |  | 5 |  |  |  | 4 |  | 9 |
|  |  |  | 7 |  | 9 |  |  |  |
| 4 |  |  | 8 |  | 7 |  |  | 2 |
|  | 8 |  |  |  |  |  | 1 |  |
| 7 |  |  | 3 |  | 1 |  |  | 6 |
|  |  |  | 4 |  | 5 |  |  |  |
| 9 |  | 2 |  |  |  | 5 |  | 4 |
| 1 |  |  |  | 2 |  |  |  | 3 |

**97**

|  | 5 |  |  | 2 |  |  |  |  |
|---|---|---|---|---|---|---|---|---|
|  | 2 | 4 | 3 |  | 9 |  |  | 1 |
|  |  |  |  |  |  | 9 | 2 |  |
|  |  | 5 |  |  | 3 |  | 7 | 8 |
|  |  |  | 1 |  | 2 |  |  |  |
| 6 | 3 |  | 8 |  |  | 4 |  |  |
|  | 8 | 9 |  |  |  |  |  |  |
| 7 |  |  | 9 |  | 5 | 1 | 8 |  |
|  |  |  |  | 7 |  |  | 4 |  |

**99**

|  | 3 |  |  |  |  | 1 | 5 |  |
|---|---|---|---|---|---|---|---|---|
|  |  | 4 | 3 |  |  |  |  | 9 |
| 8 |  |  |  |  | 4 |  | 6 | 7 |
| 2 |  |  |  | 7 | 5 |  |  |  |
|  |  | 7 |  |  |  | 6 |  |  |
|  |  |  | 2 | 6 |  |  |  | 1 |
| 1 | 9 |  | 5 |  |  |  |  | 3 |
| 4 |  |  |  |  | 8 | 9 |  |  |
|  | 8 | 2 |  |  |  |  | 7 |  |

**98**

|  | 3 |  |  |  |  | 5 | 6 |  |
|---|---|---|---|---|---|---|---|---|
|  |  | 7 | 2 |  |  |  |  | 9 |
| 5 |  |  |  |  | 4 |  | 3 | 2 |
| 6 |  |  |  | 7 | 2 |  |  |  |
|  |  | 3 |  |  |  | 8 |  |  |
|  |  |  | 3 | 8 |  |  |  | 1 |
| 2 | 8 |  | 6 |  |  |  |  | 3 |
| 9 |  |  |  |  | 5 | 2 |  |  |
|  | 1 | 4 |  |  |  |  | 5 |  |

**100**

# HARD

|  |  | 6 |  |  |  | 1 | 5 |  |
|---|---|---|---|---|---|---|---|---|
| 3 |  |  |  | 2 | 8 |  |  |  |
| 7 |  |  | 1 |  |  |  |  | 8 |
|  | 1 |  | 3 |  | 9 | 2 |  |  |
|  | 3 |  |  | 5 |  |  | 6 |  |
|  |  | 9 | 7 |  | 4 |  | 3 |  |
| 1 |  |  |  |  | 5 |  |  | 9 |
|  |  |  | 2 | 8 |  |  |  | 4 |
|  | 6 | 4 |  |  |  | 5 |  |  |

**101**

|  |  |  |  | 8 |  |  | 1 | 9 |
|---|---|---|---|---|---|---|---|---|
|  |  | 9 |  | 2 |  | 7 |  | 5 |
|  | 6 |  |  |  | 4 |  |  | 8 |
|  |  |  | 1 | 9 |  | 3 |  |  |
| 2 |  |  |  |  |  |  |  | 7 |
|  |  | 3 |  | 4 | 7 |  |  |  |
| 4 |  |  | 8 |  |  |  | 5 |  |
| 5 |  | 1 |  | 7 |  | 6 |  |  |
| 9 | 2 |  |  | 6 |  |  |  |  |

**103**

|  |  |  |  |  | 8 |  | 1 |  |
|---|---|---|---|---|---|---|---|---|
| 2 |  |  |  | 3 |  | 5 |  |  |
|  | 6 | 9 | 4 | 7 |  | 8 |  |  |
| 4 |  |  |  |  |  | 6 |  |  |
|  | 9 | 3 |  | 8 |  | 4 | 5 |  |
|  |  | 6 |  |  |  |  |  | 7 |
|  |  | 2 |  | 4 | 1 | 3 | 9 |  |
|  |  | 8 |  | 2 |  |  |  | 5 |
|  | 3 |  | 7 |  |  |  |  |  |

**102**

|  |  | 5 |  |  |  | 7 | 8 |  |
|---|---|---|---|---|---|---|---|---|
| 3 |  |  |  | 7 | 9 |  |  |  |
| 7 |  |  | 3 |  |  |  |  | 6 |
|  | 1 |  | 7 |  | 6 | 5 |  |  |
|  | 8 |  |  | 2 |  |  | 6 |  |
|  |  | 4 | 9 |  | 8 |  | 1 |  |
| 2 |  |  |  |  | 7 |  |  | 4 |
|  |  |  | 1 | 8 |  |  |  | 9 |
|  | 5 | 9 |  |  |  | 2 |  |  |

**104**

# HARD

|  | 3 | 9 | 5 |  | 6 |  |  |  |
|---|---|---|---|---|---|---|---|---|
|  | 5 |  |  |  |  | 4 |  |  |
| 8 |  |  |  | 3 |  |  |  | 1 |
| 4 |  | 5 |  |  |  |  | 2 |  |
|  | 1 |  | 8 |  | 4 |  | 7 |  |
|  | 7 |  |  |  |  | 3 |  | 6 |
| 3 |  |  |  | 2 |  |  |  | 5 |
|  |  | 7 |  |  |  |  | 1 |  |
|  |  |  | 9 |  | 1 | 8 | 3 |  |

**105**

|  |  |  |  |  | 1 | 2 |  |  |
|---|---|---|---|---|---|---|---|---|
|  |  |  |  | 2 |  | 6 |  |  |
| 7 | 3 |  | 6 |  | 8 |  | 9 |  |
|  | 5 | 3 | 1 |  |  |  |  | 9 |
| 4 |  |  |  |  |  |  |  | 6 |
| 6 |  |  |  |  | 4 | 5 | 2 |  |
|  | 2 |  | 3 |  | 9 |  | 6 | 5 |
|  |  | 7 |  | 1 |  |  |  |  |
|  |  | 1 | 2 |  |  |  |  |  |

**107**

|  |  | 3 |  |  |  | 6 |  |  |
|---|---|---|---|---|---|---|---|---|
|  | 6 |  |  |  |  |  | 4 |  |
| 8 |  |  | 7 |  | 6 |  |  | 5 |
| 4 | 9 |  | 1 |  | 5 |  | 7 | 6 |
|  |  |  | 2 |  | 7 |  |  |  |
| 1 | 7 |  | 6 |  | 9 |  | 8 | 3 |
| 3 |  |  | 5 |  | 4 |  |  | 2 |
|  | 2 |  |  |  |  |  | 9 |  |
|  |  | 6 |  |  |  | 4 |  |  |

**106**

|  |  |  | 2 |  |  | 5 | 1 |  |
|---|---|---|---|---|---|---|---|---|
| 1 |  |  | 5 |  | 8 |  | 3 |  |
|  |  |  |  |  |  | 6 |  | 7 |
|  |  |  |  |  | 5 | 8 |  |  |
| 4 | 8 | 7 |  | 3 |  | 9 | 5 | 2 |
|  |  | 2 | 4 |  |  |  |  |  |
| 9 |  | 8 |  |  |  |  |  |  |
|  | 4 |  | 8 |  | 2 |  |  | 9 |
|  | 7 | 6 |  |  | 3 |  |  |  |

**108**

# HARD

| | 7 | | | | | | 6 | 3 |
|---|---|---|---|---|---|---|---|---|
| | 4 | | 8 | 9 | 3 | | | 1 |
| | | | | 1 | | | | |
| 4 | | | | | 1 | | 8 | |
| 8 | 3 | | | | | | 1 | 2 |
| | 6 | | 9 | | | | | 5 |
| | | | | 2 | | | | |
| 9 | | | 6 | 5 | 4 | | 7 | |
| 6 | 8 | | | | | | 3 | |

**109**

| | | 6 | | | | 2 | | |
|---|---|---|---|---|---|---|---|---|
| 5 | 4 | | | | | | 9 | 6 |
| | 9 | 2 | | | | 7 | 1 | |
| | 2 | | 8 | | 7 | | 5 | |
| | | | 2 | 6 | 1 | | | |
| | 7 | | 4 | | 9 | | 3 | |
| | 5 | 3 | | | | 1 | 8 | |
| 2 | 1 | | | | | | 6 | 9 |
| | | 8 | | | | 5 | | |

**111**

| 1 | | | 4 | | | | 2 | |
|---|---|---|---|---|---|---|---|---|
| | 2 | | | | | 8 | | |
| | | 9 | | 7 | | | | |
| 7 | 3 | | | | 1 | 4 | 6 | |
| | 9 | 2 | | | | 5 | 3 | |
| | 1 | 4 | 5 | | | | 7 | 9 |
| | | | | 6 | | 7 | | |
| | | 7 | | | | | 1 | |
| | 5 | | | | 7 | | | 3 |

**110**

| | 1 | 6 | | | | | 5 | |
|---|---|---|---|---|---|---|---|---|
| 3 | | | 5 | | 4 | | | 7 |
| | | | 2 | | | | 8 | 9 |
| 7 | | | | | 1 | | | |
| | 2 | 8 | | 4 | | 5 | 3 | |
| | | | 9 | | | | | 8 |
| 8 | 4 | | | | 6 | | | |
| 1 | | | 4 | | 5 | | | 6 |
| | 7 | | | | | 3 | 9 | |

**112**

# HARD

| | | | | | | | | |
|---|---|---|---|---|---|---|---|---|
| | 2 | 4 | | 3 | | | | |
| | | | | | 5 | 9 | | 2 |
| | 7 | | 1 | | | | | 3 |
| | 6 | | | 4 | | 8 | | |
| 4 | | | 9 | | 6 | | | 5 |
| | | 7 | | 8 | | | 1 | |
| 6 | | | | | 3 | | 5 | |
| 2 | | 1 | 6 | | | | | |
| | | | | 5 | | 2 | 9 | |

**113**

| | | | | | | | | |
|---|---|---|---|---|---|---|---|---|
| | 4 | | | | | | 6 | |
| 6 | | | 4 | 3 | 5 | | | 2 |
| | | 9 | 1 | | 6 | 8 | | |
| 4 | | | | | | | | 8 |
| | | 6 | 9 | 2 | 7 | 4 | | |
| 7 | | | | | | | | 6 |
| | | 3 | 6 | | 1 | 2 | | |
| 2 | | | 7 | 5 | 9 | | | 1 |
| | 7 | | | | | | 4 | |

**115**

| | | | | | | | | |
|---|---|---|---|---|---|---|---|---|
| 3 | | | | 9 | | 6 | | |
| 2 | | | 5 | | 3 | | | |
| | 9 | | | | | | 4 | |
| 8 | | 3 | | 1 | 6 | | | |
| | 7 | | | | | | 6 | |
| | | | 4 | 5 | | 1 | | 8 |
| | 4 | | | | | | 2 | |
| | | | 1 | | 2 | | | 6 |
| | | 8 | | 6 | | | | 7 |

**114**

| | | | | | | | | |
|---|---|---|---|---|---|---|---|---|
| 3 | | 9 | | | 2 | 1 | | |
| | 2 | | | | 5 | | 6 | 4 |
| | | | | 7 | | | 3 | 8 |
| | | 1 | | | | | | 6 |
| | 4 | | 9 | | 7 | | 1 | |
| 5 | | | | | | 4 | | |
| 6 | 5 | | | 9 | | | | |
| 9 | 8 | | 2 | | | | 4 | |
| | | 4 | 7 | | | 8 | | 2 |

**116**

# HARD

**117**

| | | | | | | | | |
|---|---|---|---|---|---|---|---|---|
| | | 4 | 3 | | | | | 1 |
| | 3 | | | 9 | | | | 8 |
| 1 | 6 | | 5 | | | | | |
| | | 1 | 2 | | 5 | | 3 | |
| | 8 | | | | | | 5 | |
| | 7 | | 4 | | 8 | 6 | | |
| | | | | | 6 | | 2 | 5 |
| 7 | | | | 5 | | | 8 | |
| 5 | | | | | 2 | 9 | | |

**118**

| | | | | | | | | |
|---|---|---|---|---|---|---|---|---|
| 3 | 2 | | | | 9 | | | |
| | | 7 | 5 | 3 | | 6 | | |
| 9 | | | | | | | 3 | |
| 1 | | | | | | 3 | 9 | 5 |
| | | | 1 | | 7 | | | |
| 6 | 4 | 9 | | | | | | 8 |
| | 5 | | | | | | | 2 |
| | | 6 | | 8 | 2 | 7 | | |
| | | | 7 | | | | 8 | 3 |

**119**

| | | | | | | | | |
|---|---|---|---|---|---|---|---|---|
| | | 1 | 9 | | | | | 8 |
| | 9 | | | 7 | | | | 6 |
| 4 | 2 | | 6 | | | | | |
| | | 3 | 1 | | 5 | | 8 | |
| | 5 | | | | | | 3 | |
| | 8 | | 7 | | 4 | 2 | | |
| | | | | | 7 | | 9 | 4 |
| 3 | | | | 6 | | | 7 | |
| 9 | | | | | 8 | 1 | | |

**120**

| | | | | | | | | |
|---|---|---|---|---|---|---|---|---|
| 3 | | | 5 | | | | | |
| | | 6 | | 1 | | | 3 | |
| 8 | | | 2 | | 4 | 9 | | |
| | 3 | | 8 | | 2 | | | |
| 1 | | 7 | | | | 2 | | 5 |
| | | | 6 | | 1 | | 9 | |
| | | 9 | 3 | | 8 | | | 7 |
| | 2 | | | 6 | | 8 | | |
| | | | | | 5 | | | 4 |

# HARD

|   | 7 |   |   |   | 9 | 1 | 8 |   |
|---|---|---|---|---|---|---|---|---|
| 4 |   |   |   |   |   |   |   |   |
|   |   | 9 | 2 |   |   |   |   | 6 |
| 7 | 3 |   |   |   | 6 | 9 |   |   |
|   |   | 2 | 1 |   | 4 | 8 |   |   |
|   |   | 5 | 3 |   |   |   | 7 | 4 |
| 3 |   |   |   |   | 5 | 2 |   |   |
|   |   |   |   |   |   |   |   | 1 |
|   | 5 | 1 | 4 |   |   |   | 6 |   |

**121**

| 1 |   | 8 |   |   |   |   | 7 |   |
|---|---|---|---|---|---|---|---|---|
|   |   |   |   |   | 3 |   |   | 4 |
| 4 |   |   | 7 | 1 |   | 9 |   |   |
|   |   |   |   | 2 |   |   | 8 | 5 |
|   | 3 | 1 |   |   |   | 6 | 9 |   |
| 7 | 8 |   |   | 3 |   |   |   |   |
|   |   | 7 |   | 6 | 5 |   |   | 9 |
| 5 |   |   | 9 |   |   |   |   |   |
|   | 2 |   |   |   |   | 8 |   | 6 |

**122**

| 3 | 6 |   | 7 |   |   |   | 2 |   |
|---|---|---|---|---|---|---|---|---|
|   | 9 |   | 5 | 6 |   |   |   | 1 |
|   |   | 8 |   |   |   |   |   |   |
|   | 2 |   |   |   |   | 4 |   |   |
| 7 |   |   | 3 |   | 4 |   |   | 2 |
|   |   | 6 |   |   |   |   | 9 |   |
|   |   |   |   |   |   | 9 |   |   |
| 9 |   |   |   | 1 | 2 |   | 3 |   |
|   | 3 |   |   |   | 8 |   | 5 | 6 |

**123**

|   | 6 |   | 2 |   | 7 |   |   |   |
|---|---|---|---|---|---|---|---|---|
|   | 9 | 1 | 5 | 8 |   |   |   |   |
| 2 |   | 8 |   |   | 9 | 6 |   | 3 |
|   | 2 |   |   |   |   |   | 9 | 6 |
| 7 |   | 6 | 1 |   | 5 | 3 |   | 2 |
| 9 | 8 |   |   |   |   |   | 4 |   |
| 4 |   | 2 | 7 |   |   | 8 |   | 9 |
|   |   |   |   | 2 | 3 | 5 | 7 |   |
|   |   |   | 9 |   | 4 |   | 3 |   |

**124**

# HARD

| 7 | 1 |   | 9 |   |   | 6 |   |   |
|---|---|---|---|---|---|---|---|---|
|   |   |   | 7 |   |   | 2 |   | 9 |
|   |   |   | 2 | 4 |   |   | 1 |   |
|   | 4 |   |   |   | 6 | 9 | 8 |   |
|   |   |   |   |   |   |   |   |   |
|   | 6 | 5 | 8 |   |   |   | 2 |   |
|   | 5 |   |   | 8 | 9 |   |   |   |
| 6 |   | 1 |   |   | 3 |   |   |   |
|   |   | 9 |   |   | 7 |   | 4 | 3 |

**125**

|   |   |   |   |   |   | 4 |   |   |
|---|---|---|---|---|---|---|---|---|
|   | 6 | 7 |   | 2 |   |   | 9 |   |
| 3 |   | 4 | 5 |   |   | 6 | 8 |   |
|   |   |   |   | 9 |   | 8 |   |   |
|   | 1 |   | 7 | 3 | 2 |   | 5 |   |
|   |   | 9 |   | 5 |   |   |   |   |
|   | 8 | 2 |   |   | 1 | 5 |   | 7 |
|   | 7 |   |   | 6 |   | 2 | 4 |   |
|   |   | 5 |   |   |   |   |   |   |

**127**

|   |   | 2 |   |   |   | 7 | 8 |   |
|---|---|---|---|---|---|---|---|---|
| 8 |   |   | 2 |   | 4 |   |   | 6 |
|   |   |   |   |   | 6 | 4 |   | 5 |
| 6 |   |   | 9 |   |   |   | 5 | 7 |
|   |   |   |   | 4 |   |   |   |   |
| 3 | 7 |   |   |   | 2 |   |   | 4 |
| 2 |   | 3 | 6 |   |   |   |   |   |
| 9 |   |   | 1 |   | 3 |   |   | 8 |
|   | 8 | 1 |   |   |   | 3 |   |   |

**126**

| 6 |   |   |   | 4 |   |   |   | 9 |
|---|---|---|---|---|---|---|---|---|
|   | 1 | 4 | 6 |   |   |   | 7 |   |
|   |   |   |   | 5 | 3 |   | 6 |   |
|   |   | 1 |   |   |   |   | 4 |   |
| 7 |   | 3 |   |   |   | 8 |   | 2 |
|   | 9 |   |   |   |   | 6 |   |   |
|   | 7 |   | 5 | 3 |   |   |   |   |
|   | 8 |   |   |   | 7 | 5 | 2 |   |
| 3 |   |   |   | 2 |   |   |   | 1 |

**128**

# HARD

| | | | | | | | | |
|---|---|---|---|---|---|---|---|---|
| 9 | | 1 | | 5 | | | 7 | 8 |
| 2 | | | | | | 4 | | |
| | 4 | | 3 | | | | | 6 |
| | | | 6 | | 7 | 5 | | |
| 5 | | | | 4 | | | | 2 |
| | | 9 | 5 | | 3 | | | |
| 4 | | | | | 1 | | 9 | |
| | | 3 | | | | | | 4 |
| 6 | 9 | | | 7 | | 1 | | 3 |

**157**

| | | | | | | | | |
|---|---|---|---|---|---|---|---|---|
| 4 | | | 9 | | | | 5 | 3 |
| | 3 | 8 | | | 2 | 7 | | |
| 7 | | | | 6 | | | | |
| | 2 | 4 | | 5 | | | | 1 |
| 9 | | | | | | | | 6 |
| 1 | | | | 3 | | 4 | 7 | |
| | | | | 2 | | | | 7 |
| | | 5 | 3 | | | 8 | 1 | |
| 2 | 9 | | | | 7 | | | |

**159**

| | | | | | | | | |
|---|---|---|---|---|---|---|---|---|
| | 6 | | | | 5 | 2 | 1 | |
| 1 | | | | | | | | |
| | | 4 | 3 | | | | | 7 |
| 3 | 9 | | | | 2 | 7 | | |
| | | 2 | 9 | | 8 | 4 | | |
| | | 7 | 5 | | | | 9 | 2 |
| 4 | | | | | 1 | 8 | | |
| | | | | | | | | 6 |
| | 8 | 5 | 7 | | | | 2 | |

**158**

| | | | | | | | | |
|---|---|---|---|---|---|---|---|---|
| | | | | 1 | | | 8 | 6 |
| 4 | | | 8 | 3 | | | | |
| | 5 | | | | 2 | | | |
| | 6 | 2 | | | | 7 | 9 | |
| 3 | | 7 | | | | 1 | | 5 |
| | 9 | 5 | | | | 2 | 4 | |
| | | | 6 | | | | 3 | |
| | | | | 5 | 3 | | | 2 |
| 7 | 3 | | | 9 | | | | |

**160**

# HARD

|   |   |   |   |   |   |   |   |   |
|---|---|---|---|---|---|---|---|---|
|   |   |   | 6 |   |   |   | 1 | 7 |
|   |   |   |   |   | 1 |   | 9 | 4 |
|   |   | 3 |   | 2 |   | 8 |   | 6 |
| 3 |   |   | 2 |   |   |   |   |   |
| 8 | 4 |   |   |   |   |   | 3 | 1 |
|   |   |   |   |   | 4 |   |   | 5 |
| 1 |   | 9 |   | 6 |   | 7 |   |   |
| 5 | 2 |   | 4 |   |   |   |   |   |
| 7 | 6 |   |   |   | 2 |   |   |   |

**133**

|   |   |   |   |   |   |   |   |   |
|---|---|---|---|---|---|---|---|---|
| 4 | 6 |   | 1 | 2 |   | 7 |   | 5 |
| 3 | 5 |   |   |   | 7 |   |   | 2 |
|   |   | 2 |   |   | 3 |   | 6 |   |
| 8 | 1 |   |   | 7 |   | 5 | 9 |   |
|   |   |   |   |   |   |   |   |   |
|   | 3 | 4 |   | 8 |   |   | 1 | 6 |
|   | 4 |   | 7 |   |   | 8 |   |   |
| 6 |   |   | 4 |   |   |   | 5 | 9 |
| 9 |   | 1 |   | 5 | 2 |   | 7 | 4 |

**134**

|   |   |   |   |   |   |   |   |   |
|---|---|---|---|---|---|---|---|---|
| 5 |   |   |   | 2 |   |   | 3 |   |
|   | 2 | 6 |   | 3 |   | 5 |   |   |
| 1 |   |   | 4 |   | 8 |   | 6 | 9 |
| 3 | 7 | 4 |   |   | 5 | 8 |   |   |
|   |   |   | 1 |   | 9 |   |   |   |
|   |   | 1 | 3 |   |   | 7 | 2 | 5 |
| 2 | 8 |   | 7 |   | 3 |   |   | 6 |
|   |   | 9 |   | 4 |   | 3 | 7 |   |
|   | 4 |   |   | 1 |   |   |   | 2 |

**135**

|   |   |   |   |   |   |   |   |   |
|---|---|---|---|---|---|---|---|---|
|   |   |   | 1 | 2 |   |   |   |   |
| 5 | 4 | 7 | 6 | 8 |   |   | 2 | 9 |
|   |   | 1 |   |   |   | 8 |   | 6 |
|   |   | 5 |   | 6 |   |   | 9 |   |
| 4 | 6 |   | 3 |   | 8 |   | 1 | 7 |
|   | 9 |   |   | 7 |   | 2 |   |   |
| 6 |   | 8 |   |   |   | 9 |   |   |
| 2 | 1 |   |   | 4 | 6 | 7 | 8 | 3 |
|   |   |   |   | 1 | 9 |   |   |   |

**136**

# HARD

|   | 7 | 1 |   |   | 4 |   |   |   |
|---|---|---|---|---|---|---|---|---|
| 6 |   |   | 8 |   |   |   | 9 | 2 |
| 8 |   |   |   |   | 5 | 7 |   |   |
|   |   | 2 |   |   |   | 3 | 1 |   |
|   |   |   | 7 |   | 3 |   |   |   |
|   | 3 | 5 |   |   |   | 2 |   |   |
|   |   | 6 | 3 |   |   |   |   | 1 |
| 1 | 4 |   |   |   | 2 |   |   | 8 |
|   |   |   | 9 |   |   | 6 | 5 |   |

**137**

|   | 9 |   |   | 4 |   |   |   |   |
|---|---|---|---|---|---|---|---|---|
|   | 7 |   |   |   |   |   | 3 | 6 |
| 3 |   | 4 | 6 | 7 |   |   |   | 9 |
|   | 4 |   |   |   |   | 5 |   |   |
| 2 |   |   | 4 |   | 8 |   |   | 1 |
|   |   | 8 |   |   |   |   | 2 |   |
| 7 |   |   |   | 2 | 9 | 6 |   | 5 |
| 1 | 2 |   |   |   |   |   | 7 |   |
|   |   |   |   | 6 |   |   | 1 |   |

**138**

|   |   | 4 | 6 |   |   |   |   | 3 |
|---|---|---|---|---|---|---|---|---|
|   | 9 |   |   | 7 |   |   |   | 2 |
| 6 | 2 |   | 3 |   |   |   |   |   |
|   |   | 9 | 7 |   | 4 |   | 8 |   |
|   | 8 |   |   |   |   |   | 1 |   |
|   | 6 |   | 5 |   | 2 | 3 |   |   |
|   |   |   |   |   | 1 |   | 3 | 7 |
| 1 |   |   |   | 5 |   |   | 2 |   |
| 8 |   |   |   |   | 3 | 5 |   |   |

**139**

|   |   | 6 | 9 |   |   |   |   | 8 |
|---|---|---|---|---|---|---|---|---|
|   | 3 |   |   | 2 |   |   |   | 6 |
| 5 | 2 |   | 4 |   |   |   |   |   |
|   |   | 8 | 7 |   | 4 |   | 6 |   |
|   | 7 |   |   |   |   |   | 4 |   |
|   | 5 |   | 8 |   | 3 | 1 |   |   |
|   |   |   |   |   | 5 |   | 8 | 7 |
| 4 |   |   |   | 7 |   |   | 1 |   |
| 9 |   |   |   |   | 8 | 3 |   |   |

**140**

# HARD

| | | | | | | | | |
|---|---|---|---|---|---|---|---|---|
| 8 | 5 | | | 6 | 3 | | | |
| 2 | | 6 | 8 | | | | | |
| | | | | 5 | | 1 | | |
| | | | | | | 6 | | 1 |
| | 4 | | 5 | 1 | 8 | | 3 | |
| 7 | | 1 | | | | | | |
| | | 4 | | 3 | | | | |
| | | | | | 2 | 5 | | 9 |
| | | | 4 | 9 | | | 7 | 2 |

**141**

| | | | | | | | | |
|---|---|---|---|---|---|---|---|---|
| | 9 | | | 2 | 6 | | | 8 |
| | 2 | | | 1 | | | 6 | 5 |
| | | | | | | 4 | | 2 |
| | 5 | | 9 | 8 | | | | |
| 3 | 6 | | | | | | 7 | 1 |
| | | | | 6 | 1 | | 4 | |
| 9 | | 1 | | | | | | |
| 7 | 4 | | | 3 | | | 8 | |
| 6 | | | 5 | 4 | | | 9 | |

**143**

| | | | | | | | | |
|---|---|---|---|---|---|---|---|---|
| | | 7 | | 2 | | | | 9 |
| | 8 | | 4 | | 3 | | | |
| | | 5 | | | | | | 1 |
| | | | | | 1 | | 9 | |
| 9 | | | 7 | | 2 | | | 4 |
| | 3 | | 6 | | | | | |
| 7 | | | | | | 2 | | |
| | | | 1 | | 8 | | 6 | |
| 5 | | | | 3 | | 8 | | |

**142**

| | | | | | | | | |
|---|---|---|---|---|---|---|---|---|
| | | | | 4 | 2 | | | |
| 5 | 7 | | | | | 3 | | |
| | | 3 | 6 | | | | | 4 |
| 2 | | | | | 1 | | 9 | 7 |
| | 4 | | | | | | 6 | |
| 9 | 1 | | 8 | | | | | 2 |
| 6 | | | | | 4 | 1 | | |
| | | 8 | | | | | 4 | 5 |
| | | | 2 | 9 | | | | |

**144**

# HARD

|   |   |   |   |   |   |   |   |   |
|---|---|---|---|---|---|---|---|---|
|   |   |   |   | 6 | 2 |   | 3 |   |
| 4 | 9 |   |   |   | 8 |   | 7 |   |
|   |   | 3 |   |   | 4 | 2 |   |   |
| 6 | 1 | 9 |   |   |   |   |   |   |
| 5 |   |   |   | 4 |   |   |   | 3 |
|   |   |   |   |   |   | 1 | 6 | 7 |
|   |   | 1 | 6 |   |   | 5 |   |   |
|   | 3 |   | 4 |   |   |   | 8 | 6 |
|   | 8 |   | 2 | 7 |   |   |   |   |

**145**

|   |   |   |   |   |   |   |   |   |
|---|---|---|---|---|---|---|---|---|
|   |   | 3 |   | 5 |   | 8 |   |   |
| 9 |   | 5 |   |   |   | 7 |   | 4 |
| 4 |   |   | 7 |   | 9 |   |   | 1 |
|   | 9 |   | 5 |   | 7 |   | 8 |   |
|   |   | 4 |   |   |   | 1 |   |   |
|   | 8 |   | 6 |   | 3 |   | 4 |   |
| 5 |   |   | 8 |   | 2 |   |   | 9 |
| 2 |   | 9 |   |   |   | 4 |   | 8 |
|   |   | 6 |   | 7 |   | 5 |   |   |

**147**

|   |   |   |   |   |   |   |   |   |
|---|---|---|---|---|---|---|---|---|
|   | 4 |   |   |   | 5 | 7 | 2 |   |
| 2 |   |   |   |   |   |   |   |   |
|   |   | 3 | 7 |   |   |   |   | 6 |
| 9 | 6 |   |   |   | 2 | 8 |   |   |
|   |   | 1 | 5 |   | 4 | 2 |   |   |
|   |   | 8 | 9 |   |   |   | 3 | 1 |
| 8 |   |   |   |   | 6 | 3 |   |   |
|   |   |   |   |   |   |   |   | 5 |
|   | 7 | 6 | 3 |   |   |   | 1 |   |

**146**

|   |   |   |   |   |   |   |   |   |
|---|---|---|---|---|---|---|---|---|
|   |   |   |   | 8 |   |   | 9 | 2 |
|   |   | 1 |   | 4 |   | 8 |   | 7 |
|   | 6 |   |   |   | 2 |   |   | 3 |
|   |   |   | 2 | 9 |   | 7 |   |   |
| 5 |   |   |   |   |   |   |   | 8 |
|   |   | 7 |   | 6 | 4 |   |   |   |
| 8 |   |   | 6 |   |   |   | 7 |   |
| 1 |   | 9 |   | 2 |   | 4 |   |   |
| 3 | 7 |   |   | 5 |   |   |   |   |

**148**

# HARD

| | | | | | | | | |
|---|---|---|---|---|---|---|---|---|
| | | 2 | | | | 1 | | |
| 6 | 3 | | | | | | 9 | 7 |
| | 7 | | 5 | | 6 | | 4 | |
| 1 | | | 4 | | 9 | | | 5 |
| | | | 6 | | 3 | | | |
| 7 | | | 2 | | 8 | | | 3 |
| | 9 | | 3 | | 5 | | 7 | |
| 3 | 4 | | | | | | 6 | 2 |
| | | 8 | | | | 9 | | |

**149**

| | | | | | | | | |
|---|---|---|---|---|---|---|---|---|
| | 1 | | 4 | 6 | 5 | | | 9 |
| | | | | | | 8 | | |
| 2 | | 9 | | | | 4 | | |
| | | | 8 | 4 | | | | 7 |
| | 2 | | 6 | | 7 | | 3 | |
| 5 | | | | 9 | 3 | | | |
| | | 2 | | | | 6 | | 8 |
| | | 5 | | | | | | |
| 9 | | | 7 | 1 | 8 | | 4 | |

**151**

| | | | | | | | | |
|---|---|---|---|---|---|---|---|---|
| | | 4 | | | | 2 | | |
| | 1 | 6 | | | | 7 | 4 | |
| 5 | 2 | | | | | | 3 | 1 |
| | 7 | | 8 | | 4 | | 1 | |
| | | | 3 | 6 | 1 | | | |
| | 6 | | 5 | | 7 | | 9 | |
| 6 | 8 | | | | | | 2 | 3 |
| | 9 | 5 | | | | 4 | 6 | |
| | | 3 | | | | 5 | | |

**150**

| | | | | | | | | |
|---|---|---|---|---|---|---|---|---|
| 3 | | | | 5 | | | | 9 |
| | | 2 | | | | 7 | | |
| 5 | 8 | | | | | | 3 | 1 |
| 2 | 9 | | 8 | | 6 | | 1 | 4 |
| | | | | | | | | |
| 4 | 3 | | 5 | | 2 | | 9 | 8 |
| 6 | 1 | | | | | | 4 | 7 |
| | | 4 | | | | 3 | | |
| 7 | | | | 4 | | | | 6 |

**152**

# HARD

| | | 5 | | | | | 3 | |
|---|---|---|---|---|---|---|---|---|
| | | | 3 | | | 4 | | |
| 6 | 3 | | 2 | | | 8 | | 7 |
| 7 | | 2 | | | 5 | | | |
| 8 | | | 1 | | 7 | | | 9 |
| | | | 8 | | | 1 | | 4 |
| 3 | | 1 | | | 9 | | 4 | 6 |
| | | 6 | | | 1 | | | |
| | 7 | | | | | 5 | | |

**153**

| | | 6 | | | | 3 | 7 | |
|---|---|---|---|---|---|---|---|---|
| 1 | | | | 3 | 7 | | | |
| 8 | | | 6 | | | | | 1 |
| | 5 | | 2 | | 3 | 9 | | |
| | 2 | | | 6 | | | 5 | |
| | | 7 | 5 | | 4 | | 6 | |
| 7 | | | | | 5 | | | 4 |
| | | | 4 | 2 | | | | 9 |
| | 8 | 9 | | | | 5 | | |

**154**

| 4 | | | | 1 | | 7 | | |
|---|---|---|---|---|---|---|---|---|
| | | 6 | 3 | | | | 1 | 4 |
| | | | 7 | | | | | |
| | 3 | 5 | | 4 | | | | 2 |
| | 7 | | 6 | | 1 | | 8 | |
| 8 | | | | 3 | | 5 | 6 | |
| | | | | | 5 | | | |
| 5 | 9 | | | | 8 | 3 | | |
| | | 8 | | 7 | | | | 9 |

**155**

| 3 | | | | 4 | | | | 1 |
|---|---|---|---|---|---|---|---|---|
| 8 | 7 | | | | | | 4 | 2 |
| | | 9 | | | | 8 | | |
| | | 1 | 9 | | 3 | 6 | | |
| | 6 | | | | | | 7 | |
| | | 3 | 1 | | 2 | 4 | | |
| | | 4 | | | | 5 | | |
| 5 | 3 | | | | | | 9 | 7 |
| 6 | | | | 8 | | | | 4 |

**156**

# HARD

| 9 | | 1 | 3 | | | | | 2 |
|---|---|---|---|---|---|---|---|---|
| 7 | | | | | 5 | | | 4 |
| | 5 | | | | 6 | | 3 | |
| | 3 | 2 | | | | 9 | | |
| | | | 9 | 3 | 1 | | | |
| | | 6 | | | | 1 | 7 | |
| | 8 | | 7 | | | | 4 | |
| 2 | | | 6 | | | | | 8 |
| 3 | | | | | 8 | 2 | | 7 |

**161**

| 4 | | 2 | | | | 9 | | 3 |
|---|---|---|---|---|---|---|---|---|
| | 6 | | | | | | 4 | |
| 3 | | | 7 | | 4 | | | 1 |
| | 7 | 6 | 2 | | 9 | 4 | 5 | |
| | | | | | | | | |
| | 8 | 3 | 4 | | 5 | 1 | 2 | |
| 7 | | | 1 | | 6 | | | 5 |
| | 3 | | | | | | 8 | |
| 5 | | 8 | | | | 7 | | 6 |

**164**

| 1 | | 3 | | | | 5 | | 9 |
|---|---|---|---|---|---|---|---|---|
| | | 7 | | 9 | | 2 | | |
| 2 | 9 | | | | | | 6 | 1 |
| 4 | | | 1 | | 7 | | | 3 |
| | | | | | | | | |
| 8 | | | 6 | | 5 | | | 7 |
| 5 | 8 | | | | | | 2 | 4 |
| | | 1 | | 4 | | 7 | | |
| 3 | | 4 | | | | 9 | | 5 |

**163**

| 1 | | 6 | 5 | | | | | 3 |
|---|---|---|---|---|---|---|---|---|
| | 2 | 7 | | | | 9 | | 4 |
| | | | 9 | | | | | |
| 7 | | | | | 4 | 2 | | |
| | 6 | | 7 | | 5 | | 3 | |
| | | 5 | 8 | | | | | 6 |
| | | | | | 1 | | | |
| 2 | | 4 | | | | 6 | 5 | |
| 3 | | | | | 8 | 1 | | 7 |

**165**

# HARD

| | | | | | | | | |
|---|---|---|---|---|---|---|---|---|
| | | 5 | 8 | | | | | |
| | | | 6 | 5 | | 2 | | 8 |
| 4 | | | | | 7 | | | |
| | | 1 | 7 | | | 6 | 8 | |
| 8 | | | | | | | | 4 |
| | 9 | 4 | | | 2 | 7 | | |
| | | | 4 | | | | | 3 |
| 2 | | 3 | | 7 | 6 | | | |
| | | | | | 1 | 9 | | |

**166**

| | | | | | | | | |
|---|---|---|---|---|---|---|---|---|
| 4 | | | | 3 | 9 | | | |
| | 6 | | 4 | | | | | 8 |
| | | | 1 | | 2 | | 5 | 4 |
| | 2 | | | | | 5 | | |
| 5 | 1 | | | | | | 4 | 7 |
| | | 4 | | | | | 3 | |
| 9 | 8 | | 2 | | 3 | | | |
| 6 | | | | | 5 | | 2 | |
| | | | 7 | 6 | | | | 3 |

**168**

| | | | | | | | | |
|---|---|---|---|---|---|---|---|---|
| 6 | | | | | | | | |
| | 3 | 9 | | | 5 | | | 1 |
| | 7 | | 1 | | 6 | | | |
| 4 | | | | | 8 | | 2 | |
| 5 | | 2 | 9 | 3 | 4 | 6 | | 7 |
| | 1 | | 7 | | | | | 8 |
| | | | 8 | | 3 | | 7 | |
| 1 | | | 2 | | | 4 | 5 | |
| | | | | | | | | 9 |

**167**

| | | | | | | | | |
|---|---|---|---|---|---|---|---|---|
| 4 | | | | | | | | |
| | 2 | 9 | | | 6 | | | 3 |
| | 3 | | 8 | | 2 | | | |
| 3 | | | | | 5 | | 4 | |
| 7 | | 2 | 4 | 8 | 3 | 9 | | 6 |
| | 1 | | 2 | | | | | 8 |
| | | | 9 | | 8 | | 5 | |
| 1 | | | 3 | | | 8 | 6 | |
| | | | | | | | | 9 |

**169**

# HARD

|  | 1 |  | 9 | 7 | 4 |  |  |  |
|---|---|---|---|---|---|---|---|---|
|  |  |  |  | 8 | 1 |  |  | 9 |
|  | 4 |  |  |  |  |  | 1 | 2 |
|  | 2 |  |  | 6 |  |  |  | 7 |
|  |  | 9 |  |  |  | 6 |  |  |
| 8 |  |  |  | 2 |  |  | 5 |  |
| 5 | 7 |  |  |  |  |  | 6 |  |
| 1 |  |  | 8 | 3 |  |  |  |  |
|  |  |  | 5 | 1 | 7 |  | 4 |  |

**170**

| 3 |  |  |  | 7 |  | 2 |  |  |
|---|---|---|---|---|---|---|---|---|
| 8 |  |  | 6 |  | 4 |  |  |  |
|  | 7 |  |  |  |  |  | 9 |  |
| 7 |  | 8 |  | 2 | 1 |  |  |  |
|  | 3 |  |  |  |  |  | 5 |  |
|  |  |  | 4 | 3 |  | 7 |  | 6 |
|  | 5 |  |  |  |  |  | 6 |  |
|  |  |  | 9 |  | 5 |  |  | 1 |
|  |  | 9 |  | 1 |  |  |  | 4 |

**172**

|  |  |  |  |  |  | 9 |  |  |
|---|---|---|---|---|---|---|---|---|
|  | 8 | 3 |  | 1 |  |  | 4 |  |
| 1 |  | 9 | 7 |  |  | 2 | 5 |  |
|  |  |  |  | 9 |  | 4 |  |  |
|  | 4 |  | 1 | 6 | 5 |  | 3 |  |
|  |  | 8 |  | 3 |  |  |  |  |
|  | 1 | 6 |  |  | 3 | 5 |  | 4 |
|  | 9 |  |  | 7 |  | 1 | 2 |  |
|  |  | 2 |  |  |  |  |  |  |

**171**

|  |  | 5 | 8 |  |  | 7 |  |  |
|---|---|---|---|---|---|---|---|---|
|  | 8 |  |  | 9 | 3 |  | 4 |  |
| 9 |  | 6 |  |  | 7 | 5 |  | 8 |
|  | 7 | 2 |  | 8 |  |  |  | 6 |
|  | 1 |  | 2 |  | 5 |  | 8 |  |
| 8 |  |  |  | 4 |  | 1 | 2 |  |
| 1 |  | 7 | 3 |  |  | 2 |  | 4 |
|  | 3 |  | 6 | 7 |  |  | 1 |  |
|  |  | 4 |  |  | 1 | 8 |  |  |

**173**

# HARD

| | | | | | | | | |
|---|---|---|---|---|---|---|---|---|
| 9 | | | 6 | | | | | |
| | 6 | | | 8 | 3 | | | 4 |
| | 5 | 4 | | 2 | | 3 | | 8 |
| | | | | | | 1 | 4 | |
| | | | 8 | | 4 | | | |
| | 1 | 7 | | | | | | |
| 8 | | 2 | | 3 | | 4 | 9 | |
| 3 | | | 4 | 5 | | | 8 | |
| | | | | | 8 | | | 7 |

**174**

| | | | | | | | | |
|---|---|---|---|---|---|---|---|---|
| 3 | | | | 1 | | 7 | | |
| 2 | | | 5 | | 8 | | | |
| | 4 | | | | | | 3 | |
| 7 | | 5 | | 4 | 3 | | | |
| | 9 | | | | | | 4 | |
| | | | 9 | 7 | | 1 | | 5 |
| | 1 | | | | | | 2 | |
| | | | 3 | | 6 | | | 8 |
| | | 3 | | 8 | | | | 9 |

**176**

| | | | | | | | | |
|---|---|---|---|---|---|---|---|---|
| | | 3 | | | | 2 | | |
| 7 | | 9 | | | | 6 | | 8 |
| | 6 | | 7 | | 9 | | 3 | |
| | | | 1 | | 8 | | | |
| | 3 | | 4 | | 5 | | 2 | |
| | | | 9 | | 2 | | | |
| | 9 | | 5 | | 6 | | 1 | |
| 1 | | 2 | | | | 3 | | 7 |
| | | 8 | | | | 5 | | |

**175**

| | | | | | | | | |
|---|---|---|---|---|---|---|---|---|
| 9 | | 5 | | | | | 3 | |
| | | | | | 2 | | | 6 |
| 3 | | | 4 | 6 | | 1 | | |
| | | | | 7 | | | 2 | 3 |
| | 7 | 8 | | | | 9 | 4 | |
| 2 | 4 | | | 1 | | | | |
| | | 4 | | 9 | 5 | | | 7 |
| 5 | | | 6 | | | | | |
| | 9 | | | | | 5 | | 2 |

**177**

# HARD

| 8 | 7 |  | 1 | 9 |  | 2 |  | 4 |
|---|---|---|---|---|---|---|---|---|
| 2 | 9 |  |  |  | 3 |  |  | 6 |
|  |  | 5 |  |  | 8 |  | 1 |  |
| 1 | 5 |  |  | 6 |  | 9 | 4 |  |
|  |  |  |  |  |  |  |  |  |
|  | 4 | 6 |  | 5 |  |  | 2 | 3 |
|  | 3 |  | 2 |  |  | 4 |  |  |
| 7 |  |  | 6 |  |  |  | 8 | 5 |
| 5 |  | 9 |  | 8 | 7 |  | 3 | 2 |

**178**

|  |  |  |  | 1 |  |  |  |  |
|---|---|---|---|---|---|---|---|---|
| 8 |  | 1 | 6 |  | 7 | 4 |  | 9 |
|  | 7 |  | 3 |  | 8 |  | 1 |  |
| 9 |  | 5 |  |  |  | 1 |  | 2 |
|  |  |  |  |  |  |  |  |  |
| 1 |  | 7 |  |  |  | 5 |  | 3 |
|  | 6 |  | 9 |  | 5 |  | 4 |  |
| 5 |  | 3 | 8 |  | 4 | 2 |  | 7 |
|  |  |  |  | 2 |  |  |  |  |

**180**

|  |  | 4 |  |  |  | 2 |  |  |
|---|---|---|---|---|---|---|---|---|
| 9 | 8 |  |  |  |  |  | 1 | 4 |
|  | 1 | 6 |  |  |  | 7 | 8 |  |
|  | 5 |  | 9 |  | 4 |  | 3 |  |
|  |  |  | 3 | 2 | 8 |  |  |  |
|  | 2 |  | 6 |  | 5 |  | 9 |  |
|  | 4 | 9 |  |  |  | 3 | 7 |  |
| 7 | 3 |  |  |  |  |  | 6 | 5 |
|  |  | 5 |  |  |  | 4 |  |  |

**179**

|  |  | 2 |  |  | 8 | 1 | 4 |  |
|---|---|---|---|---|---|---|---|---|
| 8 |  | 5 |  | 4 |  |  |  |  |
| 4 |  |  | 6 |  |  |  | 5 | 3 |
| 3 |  |  |  |  |  | 4 |  |  |
|  | 2 |  |  |  |  |  | 6 |  |
|  |  | 8 |  |  |  |  |  | 7 |
| 9 | 7 |  |  |  | 6 |  |  | 1 |
|  |  |  |  | 2 |  | 6 |  | 4 |
|  | 8 | 6 | 9 |  |  | 3 |  |  |

**181**

# HARD

| | | | | | | 1 | | 9 |
|---|---|---|---|---|---|---|---|---|
| | | 5 | 6 | | | | | |
| | | | 2 | 5 | 3 | | 4 | |
| 3 | | 7 | | | | 8 | | |
| 2 | | | | 7 | | | | 1 |
| | | 9 | | | | 5 | | 4 |
| | 8 | | 5 | 1 | 6 | | | |
| | | | | | 7 | 3 | | |
| 4 | | 6 | | | | | | |

**182**

| | | 1 | | 4 | | 8 | | |
|---|---|---|---|---|---|---|---|---|
| 2 | | 3 | 7 | | 8 | 6 | | 9 |
| | 5 | | | | | | 2 | |
| | | 9 | 6 | | 1 | 3 | | |
| | | 7 | | | | 2 | | |
| | | 5 | 3 | | 9 | 1 | | |
| | 7 | | | | | | 8 | |
| 8 | | 4 | 1 | | 7 | 5 | | 2 |
| | | 6 | | 3 | | 7 | | |

**184**

| 6 | 4 | | 2 | 1 | | 5 | | 7 |
|---|---|---|---|---|---|---|---|---|
| 1 | 9 | | | | 8 | | | 3 |
| | | 2 | | | 9 | | 1 | |
| 7 | 5 | | | 6 | | 1 | 2 | |
| | | | | | | | | |
| | 6 | 9 | | 7 | | | 8 | 4 |
| | 2 | | 3 | | | 8 | | |
| 9 | | | 4 | | | | 5 | 2 |
| 4 | | 7 | | 2 | 6 | | 3 | 1 |

**183**

| | 6 | | | 7 | | | | |
|---|---|---|---|---|---|---|---|---|
| | 8 | 7 | 1 | | 5 | | | 2 |
| | | | | | | 8 | 4 | |
| | | 3 | | | 6 | | 2 | 5 |
| | | | 9 | | 1 | | | |
| 2 | 9 | | 5 | | | 4 | | |
| | 7 | 4 | | | | | | |
| 3 | | | 8 | | 4 | 2 | 7 | |
| | | | | 1 | | | 8 | |

**185**

# HARD

| | 3 | 6 | | | | | | |
|---|---|---|---|---|---|---|---|---|
| 4 | | | 2 | | | 8 | 5 | |
| | | 8 | 1 | | | | 9 | |
| | 7 | | | 3 | | | | 5 |
| | 9 | | 7 | | 5 | | 1 | |
| 8 | | | | 9 | | | 2 | |
| | 8 | | | | 6 | 7 | | |
| | 4 | 7 | | | 9 | | | 6 |
| | | | | | | 1 | 3 | |

**186**

| | | | | | 7 | | 5 | 9 |
|---|---|---|---|---|---|---|---|---|
| 8 | | | 1 | | 3 | 6 | | |
| | | | | | | 8 | 3 | |
| 7 | | | | 4 | | | | 8 |
| | 5 | 6 | | | | 2 | 4 | |
| 4 | | | | 3 | | | | 5 |
| | 6 | 9 | | | | | | |
| | | 7 | 8 | | 1 | | | 2 |
| 1 | 3 | | 9 | | | | | |

**187**

| | | 2 | | | | 5 | | |
|---|---|---|---|---|---|---|---|---|
| 8 | 6 | | | | | | 3 | 4 |
| | 3 | 7 | | | | 2 | 9 | |
| | 7 | | 2 | | 9 | | 4 | |
| | | | 5 | 7 | 6 | | | |
| | 5 | | 8 | | 4 | | 2 | |
| | 2 | 4 | | | | 3 | 1 | |
| 7 | 9 | | | | | | 5 | 6 |
| | | 5 | | | | 4 | | |

**188**

| | | | | | 2 | | 1 | |
|---|---|---|---|---|---|---|---|---|
| 1 | | | | 3 | | 8 | | |
| | 4 | 9 | 7 | 6 | | 2 | | |
| 2 | | | | | | 5 | | |
| | 9 | 1 | | 4 | | 7 | 2 | |
| | | 7 | | | | | | 1 |
| | | 2 | | 9 | 6 | 4 | 8 | |
| | | 3 | | 7 | | | | 2 |
| | 8 | | 5 | | | | | |

**189**

# HARD

|   | 8 |   |   |   |   |   |   | 9 |
|---|---|---|---|---|---|---|---|---|
|   |   | 4 |   | 5 | 7 |   |   | 3 |
| 1 |   |   | 4 | 2 |   |   |   |   |
| 8 | 9 |   |   | 4 |   |   |   |   |
|   |   |   | 1 |   | 6 |   |   |   |
|   |   |   |   | 7 |   |   | 2 | 4 |
|   |   |   |   | 6 | 3 |   |   | 1 |
| 2 |   |   | 7 | 1 |   | 9 |   |   |
| 7 |   |   |   |   |   |   | 5 |   |

**190**

|   | 5 |   |   | 9 | 6 |   |   | 2 |
|---|---|---|---|---|---|---|---|---|
|   | 7 |   |   | 3 |   |   | 1 | 6 |
|   |   |   |   |   |   | 3 |   | 9 |
|   | 2 |   | 1 | 5 |   |   |   |   |
| 9 | 1 |   |   |   |   |   | 7 | 8 |
|   |   |   |   | 2 | 8 |   | 6 |   |
| 5 |   | 3 |   |   |   |   |   |   |
| 8 | 9 |   |   | 7 |   |   | 5 |   |
| 1 |   |   | 5 | 4 |   |   | 2 |   |

**191**

| 3 |   |   |   | 6 |   | 7 |   |   |
|---|---|---|---|---|---|---|---|---|
|   |   |   |   |   | 4 |   |   |   |
|   | 1 |   | 7 |   | 2 | 5 | 3 |   |
| 9 |   | 4 |   |   | 8 |   |   | 3 |
|   |   |   |   | 1 |   |   |   |   |
| 6 |   |   | 9 |   |   | 8 |   | 7 |
|   | 5 | 8 | 2 |   | 3 |   | 4 |   |
|   |   |   | 1 |   |   |   |   |   |
|   |   | 9 |   | 8 |   |   |   | 5 |

**192**

|   |   | 5 |   |   |   | 4 |   |   |
|---|---|---|---|---|---|---|---|---|
| 3 | 8 |   |   |   |   |   | 9 | 1 |
|   | 9 |   | 6 |   | 8 |   | 2 |   |
| 8 |   |   | 7 |   | 9 |   |   | 2 |
|   |   |   | 8 |   | 4 |   |   |   |
| 7 |   |   | 5 |   | 3 |   |   | 9 |
|   | 5 |   | 4 |   | 2 |   | 1 |   |
| 4 | 2 |   |   |   |   |   | 5 | 3 |
|   |   | 7 |   |   |   | 2 |   |   |

**193**

# HARD

| | | | | | | | | |
|---|---|---|---|---|---|---|---|---|
| | | 7 | | 3 | | 9 | | |
| | 1 | 4 | | | | 7 | 8 | |
| | | 5 | 7 | | 4 | 2 | | |
| 7 | | | 3 | | 2 | | | 4 |
| | | | | | | | | |
| 4 | | | 6 | | 8 | | | 9 |
| | | 9 | 4 | | 3 | 5 | | |
| | 7 | 1 | | | | 4 | 9 | |
| | | 6 | | 9 | | 8 | | |

**194**

| | | | | | | | | |
|---|---|---|---|---|---|---|---|---|
| | 9 | | 5 | | | | 4 | 7 |
| | | 2 | | | | | | |
| 1 | 7 | | 3 | 6 | | | | 9 |
| 5 | 8 | | | | 6 | | | |
| 9 | | | | | | | | 5 |
| | | | 4 | | | | 6 | 8 |
| 8 | | | | 4 | 1 | | 7 | 3 |
| | | | | | | 2 | | |
| 3 | 4 | | | | 2 | | 8 | |

**195**

| | | | | | | | | |
|---|---|---|---|---|---|---|---|---|
| | | 3 | | | | | | 4 |
| 4 | | 7 | 8 | | | | | 6 |
| 1 | 2 | | | | 7 | 3 | | |
| 6 | | 4 | | | | | | |
| 9 | | | 2 | | 1 | | | 7 |
| | | | | | | 5 | | 9 |
| | | 5 | 7 | | | | 6 | 1 |
| 7 | | | | | 6 | 9 | | 3 |
| 2 | | | | | | 4 | | |

**196**

| | | | | | | | | |
|---|---|---|---|---|---|---|---|---|
| 5 | 8 | | | | 1 | | 7 | 4 |
| | 1 | | 6 | | 7 | | 9 | |
| | | | | 3 | | | | |
| | | 6 | | | | 2 | | |
| 4 | | | 2 | | 5 | | | 1 |
| | | 8 | | | | 7 | | |
| | | | | 6 | | | | |
| | 4 | | 7 | | 2 | | 3 | |
| 7 | 6 | | 5 | | | | 2 | 9 |

**197**

# HARD

| | | | | | | | | |
|---|---|---|---|---|---|---|---|---|
| | | | 8 | 6 | | 1 | | 5 |
| 8 | | | 3 | | | | | 4 |
| | 5 | | | | 4 | | 7 | |
| | | | 4 | 3 | | | 5 | 2 |
| | | | | | | | | |
| 2 | 1 | | | 7 | 9 | | | |
| | 9 | | 7 | | | | 8 | |
| 7 | | | | | 6 | | | 9 |
| 6 | | 1 | | 4 | 2 | | | |

**198**

| | | | | | | | | |
|---|---|---|---|---|---|---|---|---|
| 1 | | 2 | 5 | | | | 9 | |
| | | | | | | 8 | | 7 |
| | | | 6 | | 7 | | | |
| 9 | | | | | | 4 | | |
| | 3 | | 8 | | 5 | | 1 | |
| | | 1 | | | | | | 2 |
| | | | 4 | | 3 | | | |
| 2 | | 7 | | | | | | |
| | 6 | | | | 1 | 5 | | 8 |

**200**

| | | | | | | | | |
|---|---|---|---|---|---|---|---|---|
| | 7 | 5 | 8 | | 6 | | | |
| | 9 | | 2 | | | | 4 | 8 |
| | | 3 | | | 5 | 7 | | 6 |
| 7 | | 8 | 4 | | 1 | | 3 | 2 |
| | | | | | | | | |
| 1 | 3 | | 9 | | 2 | 6 | | 7 |
| 3 | | 9 | 6 | | | 2 | | |
| 5 | 1 | | | | 3 | | 9 | |
| | | | 5 | | 9 | 1 | 6 | |

**199**

| | | | | | | | | |
|---|---|---|---|---|---|---|---|---|
| 3 | | | 5 | | | | | |
| | | 6 | | 1 | | | 3 | |
| 8 | | | 2 | | 4 | 9 | | |
| | 3 | | 8 | | 2 | | | |
| 1 | | 7 | | | | 2 | | 5 |
| | | | 6 | | 1 | | 9 | |
| | | 9 | 3 | | 8 | | | 7 |
| | 2 | | | 6 | | 8 | | |
| | | | | | 5 | | | 4 |

**201**

# Sudoku Solution

| 1 | 3 | 6 | 9 | 8 | 4 | 5 | 2 | 7 |
|---|---|---|---|---|---|---|---|---|
| 8 | 4 | 7 | 2 | 3 | 5 | 9 | 1 | 6 |
| 5 | 9 | 2 | 1 | 6 | 7 | 8 | 3 | 4 |
| 2 | 5 | 1 | 7 | 4 | 6 | 3 | 8 | 9 |
| 9 | 8 | 4 | 3 | 5 | 2 | 6 | 7 | 1 |
| 7 | 6 | 3 | 8 | 9 | 1 | 2 | 4 | 5 |
| 3 | 1 | 9 | 6 | 7 | 8 | 4 | 5 | 2 |
| 4 | 7 | 8 | 5 | 2 | 9 | 1 | 6 | 3 |
| 6 | 2 | 5 | 4 | 1 | 3 | 7 | 9 | 8 |

**1**

| 1 | 9 | 4 | 5 | 6 | 2 | 7 | 3 | 8 |
|---|---|---|---|---|---|---|---|---|
| 3 | 8 | 7 | 9 | 4 | 1 | 5 | 2 | 6 |
| 6 | 2 | 5 | 8 | 3 | 7 | 9 | 4 | 1 |
| 7 | 3 | 9 | 2 | 8 | 4 | 6 | 1 | 5 |
| 8 | 5 | 6 | 1 | 7 | 3 | 4 | 9 | 2 |
| 4 | 1 | 2 | 6 | 5 | 9 | 3 | 8 | 7 |
| 2 | 6 | 3 | 7 | 9 | 8 | 1 | 5 | 4 |
| 9 | 7 | 1 | 4 | 2 | 5 | 8 | 6 | 3 |
| 5 | 4 | 8 | 3 | 1 | 6 | 2 | 7 | 9 |

**2**

| 4 | 6 | 3 | 1 | 9 | 2 | 8 | 5 | 7 |
|---|---|---|---|---|---|---|---|---|
| 2 | 5 | 9 | 7 | 8 | 4 | 1 | 3 | 6 |
| 1 | 7 | 8 | 5 | 3 | 6 | 2 | 9 | 4 |
| 5 | 8 | 1 | 2 | 6 | 3 | 4 | 7 | 9 |
| 3 | 9 | 4 | 8 | 5 | 7 | 6 | 2 | 1 |
| 7 | 2 | 6 | 9 | 4 | 1 | 3 | 8 | 5 |
| 6 | 4 | 7 | 3 | 2 | 5 | 9 | 1 | 8 |
| 9 | 3 | 5 | 6 | 1 | 8 | 7 | 4 | 2 |
| 8 | 1 | 2 | 4 | 7 | 9 | 5 | 6 | 3 |

**3**

| 9 | 8 | 1 | 6 | 4 | 5 | 3 | 2 | 7 |
|---|---|---|---|---|---|---|---|---|
| 7 | 5 | 4 | 2 | 8 | 3 | 6 | 1 | 9 |
| 2 | 6 | 3 | 9 | 7 | 1 | 5 | 8 | 4 |
| 4 | 7 | 8 | 5 | 3 | 6 | 2 | 9 | 1 |
| 1 | 2 | 5 | 4 | 9 | 7 | 8 | 3 | 6 |
| 6 | 3 | 9 | 8 | 1 | 2 | 7 | 4 | 5 |
| 3 | 9 | 2 | 7 | 6 | 4 | 1 | 5 | 8 |
| 5 | 4 | 6 | 1 | 2 | 8 | 9 | 7 | 3 |
| 8 | 1 | 7 | 3 | 5 | 9 | 4 | 6 | 2 |

**4**

| 5 | 6 | 3 | 8 | 2 | 1 | 7 | 4 | 9 |
|---|---|---|---|---|---|---|---|---|
| 9 | 7 | 2 | 4 | 3 | 6 | 1 | 8 | 5 |
| 1 | 8 | 4 | 5 | 9 | 7 | 6 | 3 | 2 |
| 7 | 3 | 5 | 6 | 8 | 2 | 9 | 1 | 4 |
| 2 | 4 | 1 | 9 | 7 | 3 | 5 | 6 | 8 |
| 8 | 9 | 6 | 1 | 5 | 4 | 2 | 7 | 3 |
| 6 | 1 | 9 | 2 | 4 | 8 | 3 | 5 | 7 |
| 3 | 2 | 8 | 7 | 1 | 5 | 4 | 9 | 6 |
| 4 | 5 | 7 | 3 | 6 | 9 | 8 | 2 | 1 |

**5**

| 3 | 2 | 1 | 5 | 7 | 9 | 8 | 6 | 4 |
|---|---|---|---|---|---|---|---|---|
| 6 | 5 | 8 | 2 | 1 | 4 | 7 | 3 | 9 |
| 9 | 7 | 4 | 8 | 6 | 3 | 2 | 5 | 1 |
| 5 | 9 | 7 | 4 | 8 | 1 | 6 | 2 | 3 |
| 1 | 8 | 3 | 6 | 9 | 2 | 5 | 4 | 7 |
| 4 | 6 | 2 | 7 | 3 | 5 | 9 | 1 | 8 |
| 8 | 4 | 9 | 1 | 5 | 6 | 3 | 7 | 2 |
| 2 | 3 | 6 | 9 | 4 | 7 | 1 | 8 | 5 |
| 7 | 1 | 5 | 3 | 2 | 8 | 4 | 9 | 6 |

**6**

| 1 | 2 | 4 | 7 | 6 | 3 | 5 | 9 | 8 |
|---|---|---|---|---|---|---|---|---|
| 6 | 3 | 9 | 1 | 8 | 5 | 4 | 2 | 7 |
| 7 | 5 | 8 | 2 | 9 | 4 | 3 | 1 | 6 |
| 9 | 1 | 5 | 6 | 4 | 7 | 2 | 8 | 3 |
| 8 | 4 | 2 | 9 | 3 | 1 | 7 | 6 | 5 |
| 3 | 6 | 7 | 8 | 5 | 2 | 9 | 4 | 1 |
| 2 | 7 | 6 | 3 | 1 | 9 | 8 | 5 | 4 |
| 5 | 9 | 1 | 4 | 7 | 8 | 6 | 3 | 2 |
| 4 | 8 | 3 | 5 | 2 | 6 | 1 | 7 | 9 |

**7**

| 5 | 9 | 3 | 7 | 2 | 4 | 8 | 1 | 6 |
|---|---|---|---|---|---|---|---|---|
| 1 | 8 | 7 | 5 | 6 | 9 | 4 | 3 | 2 |
| 2 | 4 | 6 | 3 | 8 | 1 | 7 | 9 | 5 |
| 4 | 5 | 8 | 2 | 9 | 7 | 1 | 6 | 3 |
| 7 | 3 | 2 | 1 | 4 | 6 | 5 | 8 | 9 |
| 9 | 6 | 1 | 8 | 5 | 3 | 2 | 4 | 7 |
| 3 | 7 | 4 | 6 | 1 | 2 | 9 | 5 | 8 |
| 8 | 2 | 9 | 4 | 3 | 5 | 6 | 7 | 1 |
| 6 | 1 | 5 | 9 | 7 | 8 | 3 | 2 | 4 |

**8**

| 2 | 8 | 4 | 6 | 9 | 1 | 5 | 3 | 7 |
|---|---|---|---|---|---|---|---|---|
| 7 | 9 | 3 | 4 | 5 | 8 | 6 | 1 | 2 |
| 5 | 6 | 1 | 2 | 7 | 3 | 8 | 4 | 9 |
| 3 | 1 | 9 | 5 | 2 | 4 | 7 | 6 | 8 |
| 6 | 4 | 5 | 9 | 8 | 7 | 1 | 2 | 3 |
| 8 | 2 | 7 | 3 | 1 | 6 | 4 | 9 | 5 |
| 1 | 5 | 2 | 8 | 4 | 9 | 3 | 7 | 6 |
| 4 | 3 | 8 | 7 | 6 | 2 | 9 | 5 | 1 |
| 9 | 7 | 6 | 1 | 3 | 5 | 2 | 8 | 4 |

**9**

| 3 | 9 | 6 | 1 | 2 | 7 | 5 | 8 | 4 |
|---|---|---|---|---|---|---|---|---|
| 2 | 1 | 7 | 4 | 5 | 8 | 6 | 3 | 9 |
| 4 | 5 | 8 | 3 | 6 | 9 | 1 | 7 | 2 |
| 1 | 6 | 5 | 7 | 9 | 3 | 4 | 2 | 8 |
| 7 | 4 | 3 | 8 | 1 | 2 | 9 | 5 | 6 |
| 9 | 8 | 2 | 6 | 4 | 5 | 3 | 1 | 7 |
| 6 | 3 | 1 | 2 | 7 | 4 | 8 | 9 | 5 |
| 5 | 7 | 4 | 9 | 8 | 1 | 2 | 6 | 3 |
| 8 | 2 | 9 | 5 | 3 | 6 | 7 | 4 | 1 |

**10**

| 6 | 2 | 1 | 8 | 5 | 9 | 4 | 3 | 7 |
|---|---|---|---|---|---|---|---|---|
| 8 | 4 | 9 | 7 | 3 | 2 | 6 | 1 | 5 |
| 3 | 7 | 5 | 4 | 6 | 1 | 9 | 8 | 2 |
| 7 | 9 | 6 | 1 | 2 | 3 | 5 | 4 | 8 |
| 5 | 3 | 4 | 6 | 9 | 8 | 2 | 7 | 1 |
| 2 | 1 | 8 | 5 | 7 | 4 | 3 | 6 | 9 |
| 1 | 8 | 2 | 3 | 4 | 5 | 7 | 9 | 6 |
| 4 | 5 | 7 | 9 | 8 | 6 | 1 | 2 | 3 |
| 9 | 6 | 3 | 2 | 1 | 7 | 8 | 5 | 4 |

**11**

| 5 | 2 | 9 | 6 | 8 | 1 | 7 | 4 | 3 |
|---|---|---|---|---|---|---|---|---|
| 7 | 1 | 3 | 9 | 5 | 4 | 6 | 2 | 8 |
| 6 | 8 | 4 | 7 | 2 | 3 | 5 | 1 | 9 |
| 8 | 5 | 7 | 3 | 4 | 6 | 2 | 9 | 1 |
| 2 | 4 | 1 | 8 | 9 | 5 | 3 | 7 | 6 |
| 3 | 9 | 6 | 2 | 1 | 7 | 4 | 8 | 5 |
| 9 | 3 | 8 | 4 | 6 | 2 | 1 | 5 | 7 |
| 1 | 6 | 2 | 5 | 7 | 9 | 8 | 3 | 4 |
| 4 | 7 | 5 | 1 | 3 | 8 | 9 | 6 | 2 |

**12**

# Sudoku Solution

| 4 | 2 | 6 | 3 | 8 | 5 | 9 | 7 | 1 |
|---|---|---|---|---|---|---|---|---|
| 7 | 8 | 5 | 4 | 9 | 1 | 2 | 3 | 6 |
| 1 | 9 | 3 | 2 | 7 | 6 | 4 | 5 | 8 |
| 8 | 1 | 4 | 9 | 2 | 7 | 5 | 6 | 3 |
| 2 | 3 | 7 | 5 | 6 | 4 | 1 | 8 | 9 |
| 6 | 5 | 9 | 8 | 1 | 3 | 7 | 4 | 2 |
| 3 | 7 | 1 | 6 | 5 | 9 | 8 | 2 | 4 |
| 9 | 6 | 8 | 7 | 4 | 2 | 3 | 1 | 5 |
| 5 | 4 | 2 | 1 | 3 | 8 | 6 | 9 | 7 |

**13**

| 6 | 1 | 9 | 3 | 2 | 5 | 4 | 7 | 8 |
|---|---|---|---|---|---|---|---|---|
| 7 | 8 | 4 | 6 | 9 | 1 | 3 | 2 | 5 |
| 3 | 2 | 5 | 7 | 8 | 4 | 9 | 6 | 1 |
| 8 | 3 | 1 | 2 | 4 | 9 | 6 | 5 | 7 |
| 5 | 6 | 7 | 8 | 1 | 3 | 2 | 9 | 4 |
| 4 | 9 | 2 | 5 | 7 | 6 | 8 | 1 | 3 |
| 1 | 5 | 6 | 9 | 3 | 8 | 7 | 4 | 2 |
| 9 | 7 | 8 | 4 | 5 | 2 | 1 | 3 | 6 |
| 2 | 4 | 3 | 1 | 6 | 7 | 5 | 8 | 9 |

**14**

| 5 | 8 | 2 | 9 | 1 | 3 | 7 | 6 | 4 |
|---|---|---|---|---|---|---|---|---|
| 1 | 4 | 6 | 7 | 5 | 8 | 3 | 9 | 2 |
| 9 | 7 | 3 | 6 | 2 | 4 | 5 | 1 | 8 |
| 2 | 5 | 4 | 8 | 6 | 1 | 9 | 3 | 7 |
| 6 | 1 | 9 | 4 | 3 | 7 | 2 | 8 | 5 |
| 8 | 3 | 7 | 2 | 9 | 5 | 6 | 4 | 1 |
| 3 | 2 | 5 | 1 | 4 | 9 | 8 | 7 | 6 |
| 4 | 6 | 8 | 3 | 7 | 2 | 1 | 5 | 9 |
| 7 | 9 | 1 | 5 | 8 | 6 | 4 | 2 | 3 |

**15**

| 7 | 4 | 8 | 1 | 6 | 5 | 3 | 2 | 9 |
|---|---|---|---|---|---|---|---|---|
| 3 | 6 | 2 | 7 | 9 | 8 | 5 | 4 | 1 |
| 9 | 5 | 1 | 4 | 3 | 2 | 8 | 6 | 7 |
| 8 | 7 | 5 | 6 | 2 | 3 | 9 | 1 | 4 |
| 6 | 9 | 3 | 5 | 4 | 1 | 2 | 7 | 8 |
| 1 | 2 | 4 | 8 | 7 | 9 | 6 | 5 | 3 |
| 5 | 1 | 9 | 2 | 8 | 7 | 4 | 3 | 6 |
| 4 | 3 | 7 | 9 | 5 | 6 | 1 | 8 | 2 |
| 2 | 8 | 6 | 3 | 1 | 4 | 7 | 9 | 5 |

**16**

| 3 | 9 | 6 | 1 | 5 | 4 | 7 | 2 | 8 |
|---|---|---|---|---|---|---|---|---|
| 4 | 8 | 5 | 3 | 7 | 2 | 6 | 9 | 1 |
| 7 | 1 | 2 | 8 | 9 | 6 | 4 | 3 | 5 |
| 1 | 6 | 9 | 4 | 8 | 7 | 2 | 5 | 3 |
| 2 | 7 | 4 | 5 | 3 | 1 | 9 | 8 | 6 |
| 8 | 5 | 3 | 6 | 2 | 9 | 1 | 4 | 7 |
| 9 | 3 | 1 | 7 | 4 | 5 | 8 | 6 | 2 |
| 5 | 4 | 7 | 2 | 6 | 8 | 3 | 1 | 9 |
| 6 | 2 | 8 | 9 | 1 | 3 | 5 | 7 | 4 |

**17**

| 1 | 6 | 2 | 7 | 9 | 4 | 5 | 8 | 3 |
|---|---|---|---|---|---|---|---|---|
| 7 | 4 | 5 | 3 | 1 | 8 | 9 | 2 | 6 |
| 9 | 3 | 8 | 2 | 5 | 6 | 7 | 1 | 4 |
| 2 | 8 | 7 | 1 | 6 | 5 | 3 | 4 | 9 |
| 3 | 5 | 4 | 9 | 8 | 7 | 1 | 6 | 2 |
| 6 | 1 | 9 | 4 | 2 | 3 | 8 | 5 | 7 |
| 4 | 7 | 6 | 8 | 3 | 1 | 2 | 9 | 5 |
| 5 | 9 | 1 | 6 | 7 | 2 | 4 | 3 | 8 |
| 8 | 2 | 3 | 5 | 4 | 9 | 6 | 7 | 1 |

**18**

| 2 | 4 | 1 | 7 | 9 | 3 | 8 | 5 | 6 |
|---|---|---|---|---|---|---|---|---|
| 7 | 5 | 3 | 8 | 1 | 6 | 9 | 2 | 4 |
| 8 | 9 | 6 | 5 | 2 | 4 | 3 | 1 | 7 |
| 4 | 1 | 5 | 6 | 8 | 2 | 7 | 3 | 9 |
| 3 | 8 | 7 | 1 | 4 | 9 | 2 | 6 | 5 |
| 6 | 2 | 9 | 3 | 5 | 7 | 1 | 4 | 8 |
| 1 | 6 | 2 | 9 | 7 | 5 | 4 | 8 | 3 |
| 9 | 3 | 8 | 4 | 6 | 1 | 5 | 7 | 2 |
| 5 | 7 | 4 | 2 | 3 | 8 | 6 | 9 | 1 |

**19**

| 1 | 2 | 4 | 3 | 7 | 6 | 8 | 5 | 9 |
|---|---|---|---|---|---|---|---|---|
| 9 | 5 | 6 | 1 | 2 | 8 | 7 | 4 | 3 |
| 3 | 8 | 7 | 9 | 5 | 4 | 6 | 2 | 1 |
| 4 | 1 | 5 | 2 | 8 | 7 | 3 | 9 | 6 |
| 6 | 3 | 2 | 5 | 1 | 9 | 4 | 8 | 7 |
| 8 | 7 | 9 | 4 | 6 | 3 | 2 | 1 | 5 |
| 5 | 4 | 8 | 7 | 3 | 1 | 9 | 6 | 2 |
| 2 | 9 | 3 | 6 | 4 | 5 | 1 | 7 | 8 |
| 7 | 6 | 1 | 8 | 9 | 2 | 5 | 3 | 4 |

**20**

| 1 | 5 | 2 | 4 | 6 | 7 | 8 | 9 | 3 |
|---|---|---|---|---|---|---|---|---|
| 3 | 6 | 4 | 1 | 9 | 8 | 5 | 2 | 7 |
| 7 | 8 | 9 | 5 | 3 | 2 | 6 | 4 | 1 |
| 2 | 1 | 6 | 7 | 8 | 3 | 9 | 5 | 4 |
| 8 | 3 | 5 | 9 | 4 | 6 | 1 | 7 | 2 |
| 9 | 4 | 7 | 2 | 1 | 5 | 3 | 8 | 6 |
| 4 | 7 | 1 | 3 | 5 | 9 | 2 | 6 | 8 |
| 5 | 2 | 8 | 6 | 7 | 1 | 4 | 3 | 9 |
| 6 | 9 | 3 | 8 | 2 | 4 | 7 | 1 | 5 |

**21**

| 2 | 3 | 4 | 5 | 9 | 8 | 7 | 1 | 6 |
|---|---|---|---|---|---|---|---|---|
| 1 | 9 | 6 | 4 | 7 | 3 | 5 | 8 | 2 |
| 8 | 7 | 5 | 1 | 2 | 6 | 3 | 4 | 9 |
| 7 | 2 | 9 | 6 | 5 | 4 | 1 | 3 | 8 |
| 4 | 1 | 3 | 7 | 8 | 2 | 9 | 6 | 5 |
| 5 | 6 | 8 | 3 | 1 | 9 | 4 | 2 | 7 |
| 9 | 4 | 2 | 8 | 3 | 7 | 6 | 5 | 1 |
| 3 | 8 | 1 | 9 | 6 | 5 | 2 | 7 | 4 |
| 6 | 5 | 7 | 2 | 4 | 1 | 8 | 9 | 3 |

**22**

| 1 | 4 | 2 | 3 | 6 | 7 | 5 | 9 | 8 |
|---|---|---|---|---|---|---|---|---|
| 3 | 6 | 7 | 9 | 5 | 8 | 2 | 1 | 4 |
| 8 | 5 | 9 | 4 | 2 | 1 | 6 | 3 | 7 |
| 6 | 9 | 4 | 1 | 8 | 3 | 7 | 2 | 5 |
| 7 | 1 | 5 | 2 | 4 | 9 | 3 | 8 | 6 |
| 2 | 8 | 3 | 5 | 7 | 6 | 1 | 4 | 9 |
| 4 | 3 | 1 | 6 | 9 | 5 | 8 | 7 | 2 |
| 9 | 7 | 6 | 8 | 1 | 2 | 4 | 5 | 3 |
| 5 | 2 | 8 | 7 | 3 | 4 | 9 | 6 | 1 |

**23**

| 7 | 6 | 1 | 5 | 9 | 8 | 3 | 4 | 2 |
|---|---|---|---|---|---|---|---|---|
| 5 | 3 | 8 | 4 | 1 | 2 | 9 | 7 | 6 |
| 9 | 4 | 2 | 7 | 6 | 3 | 1 | 8 | 5 |
| 1 | 7 | 9 | 2 | 8 | 5 | 6 | 3 | 4 |
| 2 | 5 | 3 | 6 | 7 | 4 | 8 | 9 | 1 |
| 4 | 8 | 6 | 1 | 3 | 9 | 2 | 5 | 7 |
| 6 | 9 | 7 | 3 | 4 | 1 | 5 | 2 | 8 |
| 8 | 2 | 4 | 9 | 5 | 6 | 7 | 1 | 3 |
| 3 | 1 | 5 | 8 | 2 | 7 | 4 | 6 | 9 |

**24**

# Sudoku Solution

| 7 | 5 | 6 | 1 | 3 | 2 | 8 | 4 | 9 |
|---|---|---|---|---|---|---|---|---|
| 3 | 1 | 8 | 4 | 5 | 9 | 2 | 7 | 6 |
| 4 | 2 | 9 | 7 | 8 | 6 | 3 | 5 | 1 |
| 1 | 6 | 2 | 5 | 4 | 8 | 9 | 3 | 7 |
| 8 | 9 | 4 | 3 | 6 | 7 | 5 | 1 | 2 |
| 5 | 7 | 3 | 2 | 9 | 1 | 6 | 8 | 4 |
| 6 | 8 | 7 | 9 | 1 | 5 | 4 | 2 | 3 |
| 2 | 3 | 5 | 6 | 7 | 4 | 1 | 9 | 8 |
| 9 | 4 | 1 | 8 | 2 | 3 | 7 | 6 | 5 |

**25**

| 3 | 6 | 1 | 9 | 5 | 8 | 2 | 4 | 7 |
|---|---|---|---|---|---|---|---|---|
| 2 | 5 | 9 | 7 | 6 | 4 | 1 | 3 | 8 |
| 4 | 7 | 8 | 2 | 3 | 1 | 5 | 6 | 9 |
| 5 | 4 | 6 | 8 | 7 | 2 | 9 | 1 | 3 |
| 1 | 8 | 2 | 4 | 9 | 3 | 6 | 7 | 5 |
| 7 | 9 | 3 | 5 | 1 | 6 | 8 | 2 | 4 |
| 6 | 2 | 5 | 3 | 8 | 7 | 4 | 9 | 1 |
| 9 | 3 | 4 | 1 | 2 | 5 | 7 | 8 | 6 |
| 8 | 1 | 7 | 6 | 4 | 9 | 3 | 5 | 2 |

**26**

| 2 | 8 | 7 | 9 | 3 | 1 | 5 | 4 | 6 |
|---|---|---|---|---|---|---|---|---|
| 3 | 6 | 4 | 7 | 8 | 5 | 2 | 9 | 1 |
| 1 | 9 | 5 | 2 | 6 | 4 | 3 | 7 | 8 |
| 8 | 5 | 3 | 4 | 1 | 7 | 6 | 2 | 9 |
| 7 | 4 | 2 | 5 | 9 | 6 | 1 | 8 | 3 |
| 9 | 1 | 6 | 3 | 2 | 8 | 7 | 5 | 4 |
| 5 | 7 | 9 | 1 | 4 | 3 | 8 | 6 | 2 |
| 6 | 2 | 1 | 8 | 7 | 9 | 4 | 3 | 5 |
| 4 | 3 | 8 | 6 | 5 | 2 | 9 | 1 | 7 |

**27**

| 6 | 9 | 3 | 1 | 2 | 4 | 5 | 7 | 8 |
|---|---|---|---|---|---|---|---|---|
| 4 | 2 | 1 | 8 | 7 | 5 | 3 | 6 | 9 |
| 8 | 7 | 5 | 6 | 9 | 3 | 1 | 4 | 2 |
| 7 | 1 | 6 | 4 | 3 | 2 | 8 | 9 | 5 |
| 2 | 8 | 9 | 5 | 6 | 1 | 4 | 3 | 7 |
| 3 | 5 | 4 | 7 | 8 | 9 | 6 | 2 | 1 |
| 9 | 6 | 7 | 3 | 1 | 8 | 2 | 5 | 4 |
| 5 | 3 | 8 | 2 | 4 | 7 | 9 | 1 | 6 |
| 1 | 4 | 2 | 9 | 5 | 6 | 7 | 8 | 3 |

**28**

| 3 | 7 | 4 | 1 | 9 | 2 | 6 | 8 | 5 |
|---|---|---|---|---|---|---|---|---|
| 9 | 8 | 2 | 5 | 4 | 6 | 7 | 1 | 3 |
| 1 | 5 | 6 | 3 | 8 | 7 | 4 | 2 | 9 |
| 7 | 1 | 5 | 2 | 3 | 9 | 8 | 4 | 6 |
| 2 | 6 | 9 | 8 | 1 | 4 | 5 | 3 | 7 |
| 4 | 3 | 8 | 6 | 7 | 5 | 2 | 9 | 1 |
| 8 | 4 | 7 | 9 | 5 | 3 | 1 | 6 | 2 |
| 6 | 9 | 1 | 7 | 2 | 8 | 3 | 5 | 4 |
| 5 | 2 | 3 | 4 | 6 | 1 | 9 | 7 | 8 |

**29**

| 8 | 6 | 5 | 7 | 1 | 2 | 3 | 9 | 4 |
|---|---|---|---|---|---|---|---|---|
| 3 | 1 | 7 | 9 | 6 | 4 | 2 | 8 | 5 |
| 4 | 9 | 2 | 5 | 8 | 3 | 7 | 6 | 1 |
| 9 | 8 | 6 | 3 | 2 | 1 | 5 | 4 | 7 |
| 7 | 2 | 4 | 8 | 5 | 6 | 1 | 3 | 9 |
| 1 | 5 | 3 | 4 | 7 | 9 | 8 | 2 | 6 |
| 5 | 7 | 9 | 6 | 3 | 8 | 4 | 1 | 2 |
| 2 | 4 | 8 | 1 | 9 | 7 | 6 | 5 | 3 |
| 6 | 3 | 1 | 2 | 4 | 5 | 9 | 7 | 8 |

**30**

| 4 | 6 | 7 | 3 | 5 | 2 | 9 | 8 | 1 |
|---|---|---|---|---|---|---|---|---|
| 2 | 5 | 8 | 7 | 1 | 9 | 3 | 4 | 6 |
| 1 | 9 | 3 | 8 | 4 | 6 | 2 | 5 | 7 |
| 6 | 2 | 4 | 9 | 7 | 3 | 5 | 1 | 8 |
| 7 | 3 | 9 | 5 | 8 | 1 | 4 | 6 | 2 |
| 5 | 8 | 1 | 6 | 2 | 4 | 7 | 9 | 3 |
| 3 | 7 | 5 | 4 | 6 | 8 | 1 | 2 | 9 |
| 9 | 1 | 6 | 2 | 3 | 5 | 8 | 7 | 4 |
| 8 | 4 | 2 | 1 | 9 | 7 | 6 | 3 | 5 |

**31**

| 2 | 1 | 9 | 4 | 8 | 6 | 3 | 5 | 7 |
|---|---|---|---|---|---|---|---|---|
| 5 | 4 | 6 | 3 | 9 | 7 | 8 | 1 | 2 |
| 3 | 7 | 8 | 5 | 2 | 1 | 9 | 6 | 4 |
| 4 | 6 | 7 | 9 | 5 | 8 | 1 | 2 | 3 |
| 9 | 8 | 2 | 1 | 7 | 3 | 6 | 4 | 5 |
| 1 | 5 | 3 | 2 | 6 | 4 | 7 | 9 | 8 |
| 6 | 2 | 5 | 7 | 3 | 9 | 4 | 8 | 1 |
| 7 | 9 | 1 | 8 | 4 | 2 | 5 | 3 | 6 |
| 8 | 3 | 4 | 6 | 1 | 5 | 2 | 7 | 9 |

**32**

| 1 | 2 | 4 | 3 | 7 | 6 | 8 | 5 | 9 |
|---|---|---|---|---|---|---|---|---|
| 9 | 5 | 6 | 1 | 2 | 8 | 7 | 4 | 3 |
| 3 | 8 | 7 | 9 | 5 | 4 | 6 | 2 | 1 |
| 4 | 1 | 5 | 2 | 8 | 7 | 3 | 9 | 6 |
| 6 | 3 | 2 | 5 | 1 | 9 | 4 | 8 | 7 |
| 8 | 7 | 9 | 4 | 6 | 3 | 2 | 1 | 5 |
| 5 | 4 | 8 | 7 | 3 | 1 | 9 | 6 | 2 |
| 2 | 9 | 3 | 6 | 4 | 5 | 1 | 7 | 8 |
| 7 | 6 | 1 | 8 | 9 | 2 | 5 | 3 | 4 |

**33**

| 7 | 9 | 4 | 1 | 3 | 5 | 8 | 2 | 6 |
|---|---|---|---|---|---|---|---|---|
| 5 | 3 | 8 | 6 | 4 | 2 | 1 | 7 | 9 |
| 1 | 6 | 2 | 8 | 7 | 9 | 5 | 4 | 3 |
| 6 | 4 | 9 | 2 | 5 | 8 | 3 | 1 | 7 |
| 3 | 2 | 5 | 7 | 6 | 1 | 4 | 9 | 8 |
| 8 | 7 | 1 | 3 | 9 | 4 | 6 | 5 | 2 |
| 4 | 8 | 7 | 5 | 2 | 3 | 9 | 6 | 1 |
| 9 | 1 | 6 | 4 | 8 | 7 | 2 | 3 | 5 |
| 2 | 5 | 3 | 9 | 1 | 6 | 7 | 8 | 4 |

**34**

| 8 | 5 | 2 | 9 | 4 | 7 | 6 | 3 | 1 |
|---|---|---|---|---|---|---|---|---|
| 4 | 6 | 3 | 1 | 8 | 2 | 7 | 5 | 9 |
| 9 | 1 | 7 | 3 | 5 | 6 | 2 | 4 | 8 |
| 5 | 7 | 1 | 8 | 6 | 9 | 3 | 2 | 4 |
| 3 | 2 | 8 | 4 | 7 | 5 | 1 | 9 | 6 |
| 6 | 9 | 4 | 2 | 3 | 1 | 5 | 8 | 7 |
| 2 | 8 | 5 | 7 | 1 | 4 | 9 | 6 | 3 |
| 7 | 4 | 6 | 5 | 9 | 3 | 8 | 1 | 2 |
| 1 | 3 | 9 | 6 | 2 | 8 | 4 | 7 | 5 |

**35**

| 6 | 9 | 4 | 1 | 3 | 8 | 2 | 5 | 7 |
|---|---|---|---|---|---|---|---|---|
| 7 | 1 | 2 | 6 | 4 | 5 | 8 | 9 | 3 |
| 8 | 3 | 5 | 9 | 2 | 7 | 4 | 1 | 6 |
| 5 | 6 | 1 | 3 | 8 | 2 | 7 | 4 | 9 |
| 2 | 8 | 9 | 4 | 7 | 6 | 1 | 3 | 5 |
| 4 | 7 | 3 | 5 | 1 | 9 | 6 | 2 | 8 |
| 9 | 2 | 6 | 8 | 5 | 4 | 3 | 7 | 1 |
| 1 | 4 | 8 | 7 | 9 | 3 | 5 | 6 | 2 |
| 3 | 5 | 7 | 2 | 6 | 1 | 9 | 8 | 4 |

**36**

# Sudoku Solution

| 4 | 5 | 1 | 3 | 7 | 8 | 6 | 2 | 9 |
|---|---|---|---|---|---|---|---|---|
| 7 | 3 | 9 | 6 | 2 | 5 | 8 | 1 | 4 |
| 8 | 6 | 2 | 9 | 1 | 4 | 3 | 5 | 7 |
| 5 | 9 | 4 | 2 | 3 | 6 | 1 | 7 | 8 |
| 6 | 2 | 7 | 4 | 8 | 1 | 5 | 9 | 3 |
| 3 | 1 | 8 | 5 | 9 | 7 | 2 | 4 | 6 |
| 1 | 7 | 5 | 8 | 6 | 9 | 4 | 3 | 2 |
| 9 | 8 | 3 | 1 | 4 | 2 | 7 | 6 | 5 |
| 2 | 4 | 6 | 7 | 5 | 3 | 9 | 8 | 1 |

**37**

| 3 | 5 | 4 | 2 | 7 | 6 | 8 | 9 | 1 |
|---|---|---|---|---|---|---|---|---|
| 2 | 7 | 8 | 9 | 1 | 4 | 5 | 6 | 3 |
| 1 | 6 | 9 | 8 | 3 | 5 | 4 | 7 | 2 |
| 6 | 4 | 1 | 5 | 8 | 9 | 3 | 2 | 7 |
| 5 | 9 | 2 | 7 | 4 | 3 | 1 | 8 | 6 |
| 8 | 3 | 7 | 1 | 6 | 2 | 9 | 5 | 4 |
| 4 | 1 | 5 | 6 | 2 | 8 | 7 | 3 | 9 |
| 9 | 2 | 3 | 4 | 5 | 7 | 6 | 1 | 8 |
| 7 | 8 | 6 | 3 | 9 | 1 | 2 | 4 | 5 |

**38**

| 4 | 1 | 3 | 7 | 8 | 9 | 6 | 5 | 2 |
|---|---|---|---|---|---|---|---|---|
| 2 | 7 | 8 | 5 | 6 | 1 | 9 | 3 | 4 |
| 5 | 6 | 9 | 4 | 3 | 2 | 8 | 1 | 7 |
| 9 | 5 | 6 | 2 | 7 | 4 | 3 | 8 | 1 |
| 7 | 3 | 2 | 1 | 5 | 8 | 4 | 6 | 9 |
| 1 | 8 | 4 | 3 | 9 | 6 | 7 | 2 | 5 |
| 8 | 2 | 5 | 9 | 4 | 3 | 1 | 7 | 6 |
| 3 | 4 | 7 | 6 | 1 | 5 | 2 | 9 | 8 |
| 6 | 9 | 1 | 8 | 2 | 7 | 5 | 4 | 3 |

**39**

| 4 | 1 | 5 | 9 | 8 | 2 | 7 | 3 | 6 |
|---|---|---|---|---|---|---|---|---|
| 8 | 2 | 3 | 6 | 7 | 5 | 1 | 4 | 9 |
| 9 | 6 | 7 | 1 | 3 | 4 | 2 | 5 | 8 |
| 7 | 4 | 6 | 8 | 1 | 3 | 5 | 9 | 2 |
| 1 | 3 | 2 | 5 | 9 | 6 | 4 | 8 | 7 |
| 5 | 9 | 8 | 4 | 2 | 7 | 3 | 6 | 1 |
| 6 | 7 | 9 | 3 | 4 | 1 | 8 | 2 | 5 |
| 3 | 5 | 1 | 2 | 6 | 8 | 9 | 7 | 4 |
| 2 | 8 | 4 | 7 | 5 | 9 | 6 | 1 | 3 |

**40**

| 8 | 2 | 1 | 3 | 4 | 9 | 7 | 6 | 5 |
|---|---|---|---|---|---|---|---|---|
| 3 | 5 | 7 | 6 | 1 | 2 | 9 | 8 | 4 |
| 9 | 6 | 4 | 8 | 7 | 5 | 3 | 1 | 2 |
| 5 | 1 | 9 | 2 | 3 | 4 | 6 | 7 | 8 |
| 7 | 8 | 2 | 9 | 5 | 6 | 1 | 4 | 3 |
| 4 | 3 | 6 | 1 | 8 | 7 | 5 | 2 | 9 |
| 2 | 9 | 8 | 7 | 6 | 3 | 4 | 5 | 1 |
| 1 | 7 | 5 | 4 | 9 | 8 | 2 | 3 | 6 |
| 6 | 4 | 3 | 5 | 2 | 1 | 8 | 9 | 7 |

**41**

| 5 | 3 | 7 | 9 | 1 | 6 | 4 | 2 | 8 |
|---|---|---|---|---|---|---|---|---|
| 6 | 8 | 9 | 3 | 2 | 4 | 7 | 1 | 5 |
| 2 | 4 | 1 | 8 | 7 | 5 | 6 | 3 | 9 |
| 1 | 7 | 8 | 4 | 9 | 3 | 5 | 6 | 2 |
| 3 | 6 | 4 | 1 | 5 | 2 | 8 | 9 | 7 |
| 9 | 5 | 2 | 7 | 6 | 8 | 3 | 4 | 1 |
| 4 | 9 | 6 | 2 | 8 | 7 | 1 | 5 | 3 |
| 7 | 2 | 5 | 6 | 3 | 1 | 9 | 8 | 4 |
| 8 | 1 | 3 | 5 | 4 | 9 | 2 | 7 | 6 |

**42**

| 9 | 7 | 5 | 4 | 3 | 2 | 6 | 1 | 8 |
|---|---|---|---|---|---|---|---|---|
| 8 | 6 | 2 | 5 | 7 | 1 | 9 | 3 | 4 |
| 1 | 4 | 3 | 9 | 8 | 6 | 7 | 2 | 5 |
| 3 | 1 | 6 | 2 | 5 | 9 | 8 | 4 | 7 |
| 2 | 8 | 7 | 3 | 6 | 4 | 5 | 9 | 1 |
| 4 | 5 | 9 | 7 | 1 | 8 | 3 | 6 | 2 |
| 6 | 9 | 8 | 1 | 2 | 7 | 4 | 5 | 3 |
| 5 | 2 | 4 | 8 | 9 | 3 | 1 | 7 | 6 |
| 7 | 3 | 1 | 6 | 4 | 5 | 2 | 8 | 9 |

**43**

| 4 | 8 | 9 | 7 | 6 | 2 | 1 | 5 | 3 |
|---|---|---|---|---|---|---|---|---|
| 5 | 3 | 2 | 8 | 1 | 9 | 4 | 6 | 7 |
| 1 | 7 | 6 | 3 | 5 | 4 | 8 | 9 | 2 |
| 9 | 4 | 7 | 1 | 2 | 5 | 3 | 8 | 6 |
| 6 | 5 | 8 | 9 | 7 | 3 | 2 | 4 | 1 |
| 3 | 2 | 1 | 4 | 8 | 6 | 9 | 7 | 5 |
| 7 | 9 | 3 | 5 | 4 | 1 | 6 | 2 | 8 |
| 8 | 6 | 4 | 2 | 3 | 7 | 5 | 1 | 9 |
| 2 | 1 | 5 | 6 | 9 | 8 | 7 | 3 | 4 |

**44**

| 3 | 5 | 7 | 2 | 4 | 9 | 1 | 6 | 8 |
|---|---|---|---|---|---|---|---|---|
| 6 | 4 | 8 | 5 | 1 | 3 | 7 | 9 | 2 |
| 2 | 9 | 1 | 6 | 8 | 7 | 3 | 4 | 5 |
| 7 | 8 | 2 | 1 | 5 | 4 | 6 | 3 | 9 |
| 4 | 3 | 5 | 9 | 2 | 6 | 8 | 1 | 7 |
| 1 | 6 | 9 | 7 | 3 | 8 | 2 | 5 | 4 |
| 9 | 2 | 6 | 3 | 7 | 5 | 4 | 8 | 1 |
| 5 | 7 | 4 | 8 | 6 | 1 | 9 | 2 | 3 |
| 8 | 1 | 3 | 4 | 9 | 2 | 5 | 7 | 6 |

**45**

| 2 | 3 | 6 | 5 | 4 | 8 | 1 | 9 | 7 |
|---|---|---|---|---|---|---|---|---|
| 1 | 5 | 9 | 2 | 3 | 7 | 4 | 8 | 6 |
| 4 | 7 | 8 | 9 | 6 | 1 | 3 | 5 | 2 |
| 9 | 4 | 5 | 7 | 1 | 2 | 8 | 6 | 3 |
| 8 | 1 | 7 | 6 | 5 | 3 | 9 | 2 | 4 |
| 3 | 6 | 2 | 4 | 8 | 9 | 7 | 1 | 5 |
| 5 | 8 | 1 | 3 | 2 | 4 | 6 | 7 | 9 |
| 7 | 2 | 4 | 8 | 9 | 6 | 5 | 3 | 1 |
| 6 | 9 | 3 | 1 | 7 | 5 | 2 | 4 | 8 |

**46**

| 7 | 6 | 9 | 2 | 5 | 4 | 8 | 3 | 1 |
|---|---|---|---|---|---|---|---|---|
| 8 | 2 | 5 | 9 | 1 | 3 | 4 | 6 | 7 |
| 3 | 1 | 4 | 8 | 7 | 6 | 5 | 2 | 9 |
| 9 | 5 | 6 | 4 | 2 | 7 | 3 | 1 | 8 |
| 1 | 7 | 3 | 6 | 8 | 5 | 2 | 9 | 4 |
| 4 | 8 | 2 | 3 | 9 | 1 | 6 | 7 | 5 |
| 5 | 4 | 1 | 7 | 3 | 2 | 9 | 8 | 6 |
| 6 | 3 | 8 | 1 | 4 | 9 | 7 | 5 | 2 |
| 2 | 9 | 7 | 5 | 6 | 8 | 1 | 4 | 3 |

**47**

| 1 | 6 | 4 | 3 | 8 | 5 | 9 | 2 | 7 |
|---|---|---|---|---|---|---|---|---|
| 2 | 7 | 8 | 1 | 9 | 6 | 4 | 3 | 5 |
| 9 | 3 | 5 | 2 | 4 | 7 | 6 | 1 | 8 |
| 7 | 8 | 9 | 6 | 3 | 2 | 1 | 5 | 4 |
| 4 | 1 | 2 | 5 | 7 | 8 | 3 | 9 | 6 |
| 6 | 5 | 3 | 9 | 1 | 4 | 8 | 7 | 2 |
| 5 | 2 | 1 | 8 | 6 | 3 | 7 | 4 | 9 |
| 8 | 9 | 7 | 4 | 5 | 1 | 2 | 6 | 3 |
| 3 | 4 | 6 | 7 | 2 | 9 | 5 | 8 | 1 |

**48**

# Sudoku Solution

| 9 | 6 | 8 | 4 | 5 | 3 | 1 | 2 | 7 |
|---|---|---|---|---|---|---|---|---|
| 4 | 3 | 1 | 6 | 7 | 2 | 5 | 9 | 8 |
| 5 | 2 | 7 | 8 | 9 | 1 | 3 | 6 | 4 |
| 2 | 9 | 3 | 7 | 4 | 5 | 8 | 1 | 6 |
| 1 | 8 | 4 | 3 | 2 | 6 | 9 | 7 | 5 |
| 6 | 7 | 5 | 1 | 8 | 9 | 2 | 4 | 3 |
| 7 | 4 | 2 | 9 | 3 | 8 | 6 | 5 | 1 |
| 3 | 5 | 6 | 2 | 1 | 7 | 4 | 8 | 9 |
| 8 | 1 | 9 | 5 | 6 | 4 | 7 | 3 | 2 |

**49**

| 1 | 6 | 5 | 3 | 4 | 9 | 2 | 8 | 7 |
|---|---|---|---|---|---|---|---|---|
| 9 | 3 | 7 | 5 | 2 | 8 | 1 | 6 | 4 |
| 8 | 2 | 4 | 6 | 1 | 7 | 5 | 9 | 3 |
| 6 | 1 | 9 | 7 | 5 | 3 | 4 | 2 | 8 |
| 5 | 7 | 3 | 2 | 8 | 4 | 6 | 1 | 9 |
| 4 | 8 | 2 | 1 | 9 | 6 | 7 | 3 | 5 |
| 7 | 9 | 1 | 4 | 3 | 2 | 8 | 5 | 6 |
| 2 | 4 | 8 | 9 | 6 | 5 | 3 | 7 | 1 |
| 3 | 5 | 6 | 8 | 7 | 1 | 9 | 4 | 2 |

**50**

| 4 | 2 | 1 | 9 | 8 | 7 | 3 | 6 | 5 |
|---|---|---|---|---|---|---|---|---|
| 7 | 3 | 8 | 5 | 2 | 6 | 9 | 4 | 1 |
| 6 | 9 | 5 | 3 | 4 | 1 | 8 | 7 | 2 |
| 3 | 4 | 9 | 7 | 1 | 2 | 5 | 8 | 6 |
| 2 | 5 | 6 | 8 | 9 | 3 | 7 | 1 | 4 |
| 8 | 1 | 7 | 6 | 5 | 4 | 2 | 3 | 9 |
| 9 | 6 | 2 | 4 | 7 | 8 | 1 | 5 | 3 |
| 1 | 7 | 3 | 2 | 6 | 5 | 4 | 9 | 8 |
| 5 | 8 | 4 | 1 | 3 | 9 | 6 | 2 | 7 |

**51**

| 1 | 6 | 7 | 2 | 3 | 5 | 9 | 8 | 4 |
|---|---|---|---|---|---|---|---|---|
| 4 | 8 | 3 | 7 | 6 | 9 | 2 | 1 | 5 |
| 2 | 5 | 9 | 4 | 1 | 8 | 6 | 7 | 3 |
| 8 | 3 | 2 | 9 | 4 | 1 | 7 | 5 | 6 |
| 9 | 7 | 4 | 5 | 2 | 6 | 8 | 3 | 1 |
| 5 | 1 | 6 | 8 | 7 | 3 | 4 | 9 | 2 |
| 7 | 4 | 5 | 3 | 8 | 2 | 1 | 6 | 9 |
| 3 | 2 | 1 | 6 | 9 | 7 | 5 | 4 | 8 |
| 6 | 9 | 8 | 1 | 5 | 4 | 3 | 2 | 7 |

**52**

| 7 | 1 | 3 | 9 | 2 | 8 | 6 | 4 | 5 |
|---|---|---|---|---|---|---|---|---|
| 8 | 9 | 2 | 4 | 5 | 6 | 1 | 3 | 7 |
| 4 | 6 | 5 | 1 | 3 | 7 | 2 | 9 | 8 |
| 6 | 2 | 7 | 5 | 4 | 3 | 8 | 1 | 9 |
| 5 | 4 | 9 | 8 | 6 | 1 | 3 | 7 | 2 |
| 1 | 3 | 8 | 7 | 9 | 2 | 4 | 5 | 6 |
| 3 | 5 | 1 | 6 | 8 | 9 | 7 | 2 | 4 |
| 9 | 7 | 6 | 2 | 1 | 4 | 5 | 8 | 3 |
| 2 | 8 | 4 | 3 | 7 | 5 | 9 | 6 | 1 |

**53**

| 1 | 7 | 2 | 4 | 5 | 3 | 6 | 9 | 8 |
|---|---|---|---|---|---|---|---|---|
| 4 | 6 | 8 | 9 | 7 | 1 | 5 | 3 | 2 |
| 5 | 9 | 3 | 8 | 2 | 6 | 7 | 4 | 1 |
| 8 | 3 | 1 | 6 | 4 | 5 | 9 | 2 | 7 |
| 7 | 4 | 6 | 3 | 9 | 2 | 8 | 1 | 5 |
| 2 | 5 | 9 | 1 | 8 | 7 | 4 | 6 | 3 |
| 3 | 1 | 4 | 5 | 6 | 8 | 2 | 7 | 9 |
| 9 | 2 | 5 | 7 | 3 | 4 | 1 | 8 | 6 |
| 6 | 8 | 7 | 2 | 1 | 9 | 3 | 5 | 4 |

**54**

| 4 | 8 | 5 | 6 | 1 | 9 | 3 | 2 | 7 |
|---|---|---|---|---|---|---|---|---|
| 9 | 1 | 2 | 3 | 7 | 4 | 8 | 5 | 6 |
| 7 | 3 | 6 | 2 | 8 | 5 | 9 | 1 | 4 |
| 2 | 9 | 8 | 7 | 5 | 6 | 4 | 3 | 1 |
| 3 | 7 | 4 | 8 | 9 | 1 | 2 | 6 | 5 |
| 5 | 6 | 1 | 4 | 2 | 3 | 7 | 8 | 9 |
| 8 | 2 | 9 | 1 | 6 | 7 | 5 | 4 | 3 |
| 6 | 5 | 3 | 9 | 4 | 2 | 1 | 7 | 8 |
| 1 | 4 | 7 | 5 | 3 | 8 | 6 | 9 | 2 |

**55**

| 5 | 6 | 3 | 1 | 8 | 2 | 7 | 4 | 9 |
|---|---|---|---|---|---|---|---|---|
| 8 | 7 | 4 | 9 | 6 | 5 | 1 | 2 | 3 |
| 9 | 2 | 1 | 4 | 7 | 3 | 5 | 6 | 8 |
| 2 | 5 | 6 | 3 | 1 | 4 | 8 | 9 | 7 |
| 7 | 1 | 9 | 5 | 2 | 8 | 4 | 3 | 6 |
| 4 | 3 | 8 | 7 | 9 | 6 | 2 | 1 | 5 |
| 1 | 9 | 2 | 6 | 5 | 7 | 3 | 8 | 4 |
| 6 | 4 | 7 | 8 | 3 | 1 | 9 | 5 | 2 |
| 3 | 8 | 5 | 2 | 4 | 9 | 6 | 7 | 1 |

**56**

| 4 | 1 | 3 | 7 | 9 | 6 | 2 | 8 | 5 |
|---|---|---|---|---|---|---|---|---|
| 2 | 5 | 6 | 1 | 8 | 3 | 4 | 9 | 7 |
| 9 | 7 | 8 | 2 | 5 | 4 | 1 | 3 | 6 |
| 1 | 3 | 9 | 5 | 7 | 8 | 6 | 4 | 2 |
| 6 | 4 | 7 | 3 | 2 | 9 | 5 | 1 | 8 |
| 8 | 2 | 5 | 4 | 6 | 1 | 9 | 7 | 3 |
| 3 | 8 | 4 | 6 | 1 | 2 | 7 | 5 | 9 |
| 5 | 6 | 1 | 9 | 3 | 7 | 8 | 2 | 4 |
| 7 | 9 | 2 | 8 | 4 | 5 | 3 | 6 | 1 |

**57**

| 1 | 7 | 5 | 4 | 3 | 9 | 8 | 6 | 2 |
|---|---|---|---|---|---|---|---|---|
| 8 | 2 | 3 | 1 | 6 | 5 | 7 | 4 | 9 |
| 6 | 9 | 4 | 2 | 7 | 8 | 1 | 5 | 3 |
| 3 | 4 | 8 | 6 | 9 | 7 | 5 | 2 | 1 |
| 7 | 5 | 6 | 3 | 1 | 2 | 4 | 9 | 8 |
| 9 | 1 | 2 | 5 | 8 | 4 | 6 | 3 | 7 |
| 4 | 6 | 9 | 7 | 2 | 1 | 3 | 8 | 5 |
| 5 | 8 | 7 | 9 | 4 | 3 | 2 | 1 | 6 |
| 2 | 3 | 1 | 8 | 5 | 6 | 9 | 7 | 4 |

**58**

| 1 | 7 | 9 | 2 | 4 | 3 | 5 | 6 | 8 |
|---|---|---|---|---|---|---|---|---|
| 8 | 4 | 3 | 5 | 9 | 6 | 2 | 1 | 7 |
| 5 | 6 | 2 | 8 | 7 | 1 | 9 | 4 | 3 |
| 4 | 3 | 1 | 9 | 6 | 7 | 8 | 2 | 5 |
| 7 | 8 | 6 | 3 | 2 | 5 | 4 | 9 | 1 |
| 2 | 9 | 5 | 1 | 8 | 4 | 7 | 3 | 6 |
| 3 | 1 | 4 | 7 | 5 | 9 | 6 | 8 | 2 |
| 6 | 5 | 8 | 4 | 3 | 2 | 1 | 7 | 9 |
| 9 | 2 | 7 | 6 | 1 | 8 | 3 | 5 | 4 |

**59**

| 7 | 6 | 4 | 9 | 8 | 5 | 2 | 3 | 1 |
|---|---|---|---|---|---|---|---|---|
| 2 | 5 | 9 | 6 | 1 | 3 | 8 | 4 | 7 |
| 1 | 8 | 3 | 2 | 4 | 7 | 5 | 6 | 9 |
| 8 | 4 | 5 | 7 | 3 | 1 | 9 | 2 | 6 |
| 9 | 1 | 7 | 5 | 2 | 6 | 4 | 8 | 3 |
| 6 | 3 | 2 | 8 | 9 | 4 | 1 | 7 | 5 |
| 3 | 9 | 6 | 4 | 5 | 2 | 7 | 1 | 8 |
| 4 | 7 | 8 | 1 | 6 | 9 | 3 | 5 | 2 |
| 5 | 2 | 1 | 3 | 7 | 8 | 6 | 9 | 4 |

**60**

# Sudoku Solution

| 4 | 2 | 5 | 7 | 1 | 3 | 8 | 9 | 6 |
|---|---|---|---|---|---|---|---|---|
| 3 | 8 | 1 | 5 | 6 | 9 | 2 | 7 | 4 |
| 6 | 7 | 9 | 4 | 8 | 2 | 3 | 1 | 5 |
| 9 | 6 | 4 | 8 | 5 | 7 | 1 | 2 | 3 |
| 7 | 1 | 3 | 2 | 4 | 6 | 9 | 5 | 8 |
| 2 | 5 | 8 | 9 | 3 | 1 | 4 | 6 | 7 |
| 5 | 9 | 2 | 3 | 7 | 4 | 6 | 8 | 1 |
| 8 | 4 | 6 | 1 | 9 | 5 | 7 | 3 | 2 |
| 1 | 3 | 7 | 6 | 2 | 8 | 5 | 4 | 9 |

**61**

| 1 | 4 | 6 | 8 | 3 | 2 | 9 | 7 | 5 |
|---|---|---|---|---|---|---|---|---|
| 3 | 9 | 5 | 6 | 4 | 7 | 1 | 8 | 2 |
| 2 | 7 | 8 | 1 | 9 | 5 | 4 | 3 | 6 |
| 6 | 1 | 2 | 4 | 5 | 8 | 7 | 9 | 3 |
| 9 | 8 | 7 | 3 | 6 | 1 | 2 | 5 | 4 |
| 5 | 3 | 4 | 2 | 7 | 9 | 6 | 1 | 8 |
| 8 | 2 | 3 | 9 | 1 | 4 | 5 | 6 | 7 |
| 4 | 5 | 9 | 7 | 8 | 6 | 3 | 2 | 1 |
| 7 | 6 | 1 | 5 | 2 | 3 | 8 | 4 | 9 |

**62**

| 4 | 5 | 6 | 8 | 3 | 9 | 7 | 1 | 2 |
|---|---|---|---|---|---|---|---|---|
| 1 | 7 | 9 | 6 | 2 | 5 | 8 | 3 | 4 |
| 8 | 3 | 2 | 7 | 4 | 1 | 9 | 6 | 5 |
| 7 | 2 | 4 | 3 | 9 | 6 | 1 | 5 | 8 |
| 5 | 9 | 1 | 2 | 8 | 7 | 3 | 4 | 6 |
| 3 | 6 | 8 | 1 | 5 | 4 | 2 | 9 | 7 |
| 2 | 4 | 5 | 9 | 1 | 8 | 6 | 7 | 3 |
| 6 | 1 | 3 | 5 | 7 | 2 | 4 | 8 | 9 |
| 9 | 8 | 7 | 4 | 6 | 3 | 5 | 2 | 1 |

**63**

| 7 | 3 | 9 | 6 | 4 | 5 | 2 | 8 | 1 |
|---|---|---|---|---|---|---|---|---|
| 2 | 1 | 5 | 3 | 8 | 9 | 4 | 7 | 6 |
| 4 | 8 | 6 | 7 | 2 | 1 | 3 | 5 | 9 |
| 5 | 2 | 3 | 8 | 1 | 6 | 9 | 4 | 7 |
| 8 | 9 | 4 | 5 | 7 | 3 | 6 | 1 | 2 |
| 1 | 6 | 7 | 2 | 9 | 4 | 5 | 3 | 8 |
| 6 | 5 | 1 | 9 | 3 | 7 | 8 | 2 | 4 |
| 3 | 4 | 2 | 1 | 6 | 8 | 7 | 9 | 5 |
| 9 | 7 | 8 | 4 | 5 | 2 | 1 | 6 | 3 |

**64**

| 5 | 6 | 3 | 2 | 7 | 4 | 1 | 9 | 8 |
|---|---|---|---|---|---|---|---|---|
| 1 | 8 | 7 | 9 | 3 | 6 | 5 | 4 | 2 |
| 4 | 2 | 9 | 5 | 1 | 8 | 6 | 3 | 7 |
| 6 | 5 | 4 | 8 | 2 | 9 | 7 | 1 | 3 |
| 9 | 3 | 1 | 6 | 5 | 7 | 2 | 8 | 4 |
| 2 | 7 | 8 | 1 | 4 | 3 | 9 | 6 | 5 |
| 7 | 1 | 6 | 3 | 8 | 2 | 4 | 5 | 9 |
| 8 | 9 | 2 | 4 | 6 | 5 | 3 | 7 | 1 |
| 3 | 4 | 5 | 7 | 9 | 1 | 8 | 2 | 6 |

**65**

| 7 | 1 | 3 | 8 | 5 | 4 | 6 | 2 | 9 |
|---|---|---|---|---|---|---|---|---|
| 2 | 6 | 5 | 9 | 7 | 1 | 4 | 8 | 3 |
| 4 | 8 | 9 | 6 | 3 | 2 | 7 | 1 | 5 |
| 5 | 3 | 2 | 4 | 1 | 7 | 9 | 6 | 8 |
| 8 | 4 | 7 | 5 | 6 | 9 | 1 | 3 | 2 |
| 1 | 9 | 6 | 2 | 8 | 3 | 5 | 4 | 7 |
| 6 | 5 | 4 | 7 | 2 | 8 | 3 | 9 | 1 |
| 9 | 2 | 1 | 3 | 4 | 5 | 8 | 7 | 6 |
| 3 | 7 | 8 | 1 | 9 | 6 | 2 | 5 | 4 |

**66**

| 5 | 6 | 2 | 7 | 3 | 1 | 8 | 9 | 4 |
|---|---|---|---|---|---|---|---|---|
| 9 | 4 | 7 | 6 | 5 | 8 | 1 | 3 | 2 |
| 1 | 8 | 3 | 4 | 9 | 2 | 5 | 6 | 7 |
| 4 | 5 | 9 | 3 | 8 | 7 | 2 | 1 | 6 |
| 2 | 7 | 8 | 1 | 4 | 6 | 3 | 5 | 9 |
| 3 | 1 | 6 | 9 | 2 | 5 | 7 | 4 | 8 |
| 6 | 2 | 1 | 5 | 7 | 4 | 9 | 8 | 3 |
| 7 | 9 | 4 | 8 | 1 | 3 | 6 | 2 | 5 |
| 8 | 3 | 5 | 2 | 6 | 9 | 4 | 7 | 1 |

**67**

| 7 | 4 | 2 | 3 | 9 | 5 | 8 | 6 | 1 |
|---|---|---|---|---|---|---|---|---|
| 6 | 9 | 1 | 4 | 7 | 8 | 5 | 2 | 3 |
| 3 | 5 | 8 | 1 | 6 | 2 | 4 | 7 | 9 |
| 5 | 8 | 4 | 2 | 1 | 3 | 6 | 9 | 7 |
| 9 | 1 | 3 | 7 | 5 | 6 | 2 | 8 | 4 |
| 2 | 6 | 7 | 9 | 8 | 4 | 1 | 3 | 5 |
| 1 | 2 | 9 | 8 | 4 | 7 | 3 | 5 | 6 |
| 8 | 7 | 6 | 5 | 3 | 1 | 9 | 4 | 2 |
| 4 | 3 | 5 | 6 | 2 | 9 | 7 | 1 | 8 |

**68**

| 7 | 4 | 1 | 6 | 2 | 5 | 8 | 3 | 9 |
|---|---|---|---|---|---|---|---|---|
| 8 | 5 | 6 | 3 | 7 | 9 | 1 | 4 | 2 |
| 3 | 9 | 2 | 8 | 4 | 1 | 5 | 6 | 7 |
| 1 | 3 | 7 | 5 | 8 | 2 | 6 | 9 | 4 |
| 2 | 8 | 9 | 4 | 6 | 7 | 3 | 5 | 1 |
| 5 | 6 | 4 | 1 | 9 | 3 | 2 | 7 | 8 |
| 6 | 7 | 5 | 2 | 1 | 4 | 9 | 8 | 3 |
| 4 | 2 | 8 | 9 | 3 | 6 | 7 | 1 | 5 |
| 9 | 1 | 3 | 7 | 5 | 8 | 4 | 2 | 6 |

**69**

| 4 | 7 | 5 | 3 | 9 | 6 | 2 | 1 | 8 |
|---|---|---|---|---|---|---|---|---|
| 1 | 2 | 8 | 7 | 4 | 5 | 3 | 6 | 9 |
| 3 | 9 | 6 | 1 | 8 | 2 | 7 | 4 | 5 |
| 2 | 1 | 4 | 9 | 5 | 3 | 8 | 7 | 6 |
| 6 | 5 | 7 | 2 | 1 | 8 | 9 | 3 | 4 |
| 9 | 8 | 3 | 4 | 6 | 7 | 5 | 2 | 1 |
| 8 | 6 | 2 | 5 | 3 | 4 | 1 | 9 | 7 |
| 5 | 3 | 9 | 6 | 7 | 1 | 4 | 8 | 2 |
| 7 | 4 | 1 | 8 | 2 | 9 | 6 | 5 | 3 |

**70**

| 7 | 3 | 1 | 8 | 9 | 5 | 4 | 6 | 2 |
|---|---|---|---|---|---|---|---|---|
| 9 | 8 | 6 | 1 | 2 | 4 | 5 | 3 | 7 |
| 4 | 2 | 5 | 7 | 6 | 3 | 1 | 8 | 9 |
| 2 | 1 | 8 | 9 | 7 | 6 | 3 | 4 | 5 |
| 6 | 5 | 9 | 4 | 3 | 2 | 8 | 7 | 1 |
| 3 | 7 | 4 | 5 | 8 | 1 | 9 | 2 | 6 |
| 8 | 6 | 2 | 3 | 1 | 9 | 7 | 5 | 4 |
| 5 | 9 | 7 | 2 | 4 | 8 | 6 | 1 | 3 |
| 1 | 4 | 3 | 6 | 5 | 7 | 2 | 9 | 8 |

**71**

| 5 | 4 | 7 | 2 | 6 | 9 | 1 | 3 | 8 |
|---|---|---|---|---|---|---|---|---|
| 3 | 6 | 9 | 8 | 1 | 4 | 5 | 2 | 7 |
| 2 | 8 | 1 | 7 | 3 | 5 | 9 | 4 | 6 |
| 6 | 7 | 3 | 1 | 5 | 2 | 4 | 8 | 9 |
| 4 | 2 | 5 | 9 | 7 | 8 | 3 | 6 | 1 |
| 1 | 9 | 8 | 3 | 4 | 6 | 7 | 5 | 2 |
| 7 | 1 | 2 | 5 | 8 | 3 | 6 | 9 | 4 |
| 9 | 5 | 4 | 6 | 2 | 7 | 8 | 1 | 3 |
| 8 | 3 | 6 | 4 | 9 | 1 | 2 | 7 | 5 |

**72**

# Sudoku Solution

| 6 | 4 | 3 | 8 | 2 | 5 | 9 | 7 | 1 |
|---|---|---|---|---|---|---|---|---|
| 8 | 9 | 7 | 4 | 1 | 6 | 5 | 2 | 3 |
| 1 | 2 | 5 | 9 | 3 | 7 | 6 | 8 | 4 |
| 2 | 3 | 1 | 5 | 7 | 9 | 8 | 4 | 6 |
| 7 | 8 | 6 | 1 | 4 | 3 | 2 | 9 | 5 |
| 4 | 5 | 9 | 6 | 8 | 2 | 1 | 3 | 7 |
| 5 | 7 | 8 | 2 | 6 | 4 | 3 | 1 | 9 |
| 3 | 6 | 2 | 7 | 9 | 1 | 4 | 5 | 8 |
| 9 | 1 | 4 | 3 | 5 | 8 | 7 | 6 | 2 |

**73**

| 3 | 1 | 4 | 6 | 8 | 2 | 9 | 7 | 5 |
|---|---|---|---|---|---|---|---|---|
| 8 | 5 | 6 | 7 | 3 | 9 | 2 | 1 | 4 |
| 7 | 2 | 9 | 5 | 1 | 4 | 8 | 6 | 3 |
| 4 | 9 | 2 | 3 | 6 | 1 | 5 | 8 | 7 |
| 5 | 3 | 1 | 8 | 4 | 7 | 6 | 2 | 9 |
| 6 | 8 | 7 | 9 | 2 | 5 | 3 | 4 | 1 |
| 9 | 4 | 8 | 1 | 5 | 6 | 7 | 3 | 2 |
| 2 | 7 | 3 | 4 | 9 | 8 | 1 | 5 | 6 |
| 1 | 6 | 5 | 2 | 7 | 3 | 4 | 9 | 8 |

**74**

| 8 | 7 | 6 | 3 | 1 | 9 | 2 | 5 | 4 |
|---|---|---|---|---|---|---|---|---|
| 9 | 1 | 4 | 2 | 7 | 5 | 6 | 8 | 3 |
| 2 | 5 | 3 | 6 | 8 | 4 | 9 | 7 | 1 |
| 1 | 8 | 5 | 7 | 2 | 3 | 4 | 6 | 9 |
| 6 | 4 | 9 | 1 | 5 | 8 | 7 | 3 | 2 |
| 3 | 2 | 7 | 4 | 9 | 6 | 5 | 1 | 8 |
| 4 | 9 | 1 | 8 | 6 | 7 | 3 | 2 | 5 |
| 7 | 3 | 2 | 5 | 4 | 1 | 8 | 9 | 6 |
| 5 | 6 | 8 | 9 | 3 | 2 | 1 | 4 | 7 |

**75**

| 7 | 1 | 4 | 3 | 5 | 8 | 9 | 6 | 2 |
|---|---|---|---|---|---|---|---|---|
| 3 | 6 | 5 | 9 | 1 | 2 | 4 | 8 | 7 |
| 8 | 9 | 2 | 4 | 7 | 6 | 5 | 3 | 1 |
| 4 | 2 | 6 | 5 | 8 | 7 | 3 | 1 | 9 |
| 1 | 8 | 3 | 2 | 9 | 4 | 6 | 7 | 5 |
| 5 | 7 | 9 | 6 | 3 | 1 | 2 | 4 | 8 |
| 9 | 5 | 8 | 7 | 6 | 3 | 1 | 2 | 4 |
| 6 | 4 | 7 | 1 | 2 | 5 | 8 | 9 | 3 |
| 2 | 3 | 1 | 8 | 4 | 9 | 7 | 5 | 6 |

**76**

| 7 | 6 | 1 | 2 | 8 | 5 | 4 | 3 | 9 |
|---|---|---|---|---|---|---|---|---|
| 3 | 4 | 8 | 9 | 1 | 7 | 6 | 2 | 5 |
| 5 | 2 | 9 | 3 | 4 | 6 | 7 | 8 | 1 |
| 6 | 5 | 2 | 4 | 9 | 8 | 1 | 7 | 3 |
| 1 | 8 | 4 | 6 | 7 | 3 | 9 | 5 | 2 |
| 9 | 3 | 7 | 1 | 5 | 2 | 8 | 4 | 6 |
| 4 | 1 | 5 | 8 | 3 | 9 | 2 | 6 | 7 |
| 2 | 9 | 3 | 7 | 6 | 4 | 5 | 1 | 8 |
| 8 | 7 | 6 | 5 | 2 | 1 | 3 | 9 | 4 |

**77**

| 3 | 1 | 7 | 6 | 9 | 8 | 5 | 2 | 4 |
|---|---|---|---|---|---|---|---|---|
| 5 | 2 | 9 | 7 | 3 | 4 | 1 | 6 | 8 |
| 6 | 4 | 8 | 5 | 2 | 1 | 3 | 9 | 7 |
| 2 | 3 | 6 | 4 | 5 | 7 | 9 | 8 | 1 |
| 7 | 9 | 5 | 8 | 1 | 2 | 4 | 3 | 6 |
| 4 | 8 | 1 | 9 | 6 | 3 | 2 | 7 | 5 |
| 1 | 7 | 3 | 2 | 4 | 6 | 8 | 5 | 9 |
| 9 | 6 | 4 | 3 | 8 | 5 | 7 | 1 | 2 |
| 8 | 5 | 2 | 1 | 7 | 9 | 6 | 4 | 3 |

**78**

| 3 | 1 | 5 | 9 | 6 | 4 | 7 | 8 | 2 |
|---|---|---|---|---|---|---|---|---|
| 7 | 9 | 8 | 5 | 1 | 2 | 3 | 4 | 6 |
| 4 | 2 | 6 | 3 | 7 | 8 | 5 | 1 | 9 |
| 5 | 8 | 2 | 4 | 3 | 1 | 6 | 9 | 7 |
| 6 | 3 | 4 | 7 | 9 | 5 | 8 | 2 | 1 |
| 9 | 7 | 1 | 2 | 8 | 6 | 4 | 5 | 3 |
| 2 | 6 | 3 | 8 | 5 | 9 | 1 | 7 | 4 |
| 8 | 4 | 7 | 1 | 2 | 3 | 9 | 6 | 5 |
| 1 | 5 | 9 | 6 | 4 | 7 | 2 | 3 | 8 |

**79**

| 6 | 3 | 2 | 1 | 9 | 7 | 8 | 4 | 5 |
|---|---|---|---|---|---|---|---|---|
| 8 | 7 | 4 | 5 | 3 | 2 | 1 | 6 | 9 |
| 9 | 5 | 1 | 6 | 8 | 4 | 7 | 3 | 2 |
| 5 | 6 | 3 | 8 | 7 | 1 | 2 | 9 | 4 |
| 1 | 4 | 9 | 2 | 6 | 3 | 5 | 8 | 7 |
| 7 | 2 | 8 | 9 | 4 | 5 | 3 | 1 | 6 |
| 3 | 8 | 7 | 4 | 5 | 9 | 6 | 2 | 1 |
| 2 | 9 | 6 | 7 | 1 | 8 | 4 | 5 | 3 |
| 4 | 1 | 5 | 3 | 2 | 6 | 9 | 7 | 8 |

**80**

| 7 | 1 | 3 | 9 | 8 | 2 | 4 | 5 | 6 |
|---|---|---|---|---|---|---|---|---|
| 2 | 8 | 5 | 6 | 7 | 4 | 1 | 9 | 3 |
| 6 | 9 | 4 | 5 | 3 | 1 | 7 | 8 | 2 |
| 9 | 4 | 2 | 7 | 5 | 3 | 6 | 1 | 8 |
| 3 | 7 | 6 | 1 | 9 | 8 | 5 | 2 | 4 |
| 8 | 5 | 1 | 2 | 4 | 6 | 9 | 3 | 7 |
| 5 | 6 | 9 | 3 | 2 | 7 | 8 | 4 | 1 |
| 4 | 3 | 7 | 8 | 1 | 5 | 2 | 6 | 9 |
| 1 | 2 | 8 | 4 | 6 | 9 | 3 | 7 | 5 |

**81**

| 1 | 5 | 8 | 7 | 4 | 3 | 9 | 6 | 2 |
|---|---|---|---|---|---|---|---|---|
| 4 | 7 | 9 | 8 | 6 | 2 | 5 | 3 | 1 |
| 6 | 3 | 2 | 1 | 5 | 9 | 4 | 7 | 8 |
| 3 | 8 | 5 | 9 | 7 | 4 | 2 | 1 | 6 |
| 9 | 6 | 4 | 2 | 3 | 1 | 7 | 8 | 5 |
| 7 | 2 | 1 | 5 | 8 | 6 | 3 | 4 | 9 |
| 5 | 1 | 6 | 3 | 2 | 7 | 8 | 9 | 4 |
| 2 | 4 | 7 | 6 | 9 | 8 | 1 | 5 | 3 |
| 8 | 9 | 3 | 4 | 1 | 5 | 6 | 2 | 7 |

**82**

| 8 | 6 | 4 | 5 | 9 | 2 | 3 | 7 | 1 |
|---|---|---|---|---|---|---|---|---|
| 7 | 5 | 2 | 1 | 8 | 3 | 4 | 6 | 9 |
| 9 | 3 | 1 | 7 | 4 | 6 | 5 | 2 | 8 |
| 4 | 8 | 9 | 6 | 3 | 1 | 7 | 5 | 2 |
| 6 | 2 | 3 | 9 | 7 | 5 | 1 | 8 | 4 |
| 1 | 7 | 5 | 4 | 2 | 8 | 9 | 3 | 6 |
| 5 | 4 | 8 | 2 | 1 | 7 | 6 | 9 | 3 |
| 3 | 9 | 7 | 8 | 6 | 4 | 2 | 1 | 5 |
| 2 | 1 | 6 | 3 | 5 | 9 | 8 | 4 | 7 |

**83**

| 4 | 5 | 6 | 8 | 3 | 7 | 1 | 9 | 2 |
|---|---|---|---|---|---|---|---|---|
| 9 | 7 | 2 | 5 | 4 | 1 | 3 | 6 | 8 |
| 8 | 1 | 3 | 6 | 9 | 2 | 5 | 7 | 4 |
| 1 | 3 | 4 | 9 | 8 | 6 | 7 | 2 | 5 |
| 7 | 9 | 5 | 1 | 2 | 4 | 6 | 8 | 3 |
| 6 | 2 | 8 | 3 | 7 | 5 | 9 | 4 | 1 |
| 5 | 8 | 7 | 4 | 6 | 3 | 2 | 1 | 9 |
| 3 | 6 | 9 | 2 | 1 | 8 | 4 | 5 | 7 |
| 2 | 4 | 1 | 7 | 5 | 9 | 8 | 3 | 6 |

**84**

# Sudoku Solution

| 3 | 1 | 5 | 9 | 6 | 4 | 7 | 8 | 2 |
|---|---|---|---|---|---|---|---|---|
| 7 | 9 | 8 | 5 | 1 | 2 | 3 | 4 | 6 |
| 4 | 2 | 6 | 3 | 7 | 8 | 5 | 1 | 9 |
| 5 | 8 | 2 | 4 | 3 | 1 | 6 | 9 | 7 |
| 6 | 3 | 4 | 7 | 9 | 5 | 8 | 2 | 1 |
| 9 | 7 | 1 | 2 | 8 | 6 | 4 | 5 | 3 |
| 2 | 6 | 3 | 8 | 5 | 9 | 1 | 7 | 4 |
| 8 | 4 | 7 | 1 | 2 | 3 | 9 | 6 | 5 |
| 1 | 5 | 9 | 6 | 4 | 7 | 2 | 3 | 8 |

**85**

| 6 | 3 | 4 | 7 | 9 | 5 | 2 | 8 | 1 |
|---|---|---|---|---|---|---|---|---|
| 9 | 1 | 5 | 6 | 2 | 8 | 3 | 4 | 7 |
| 8 | 7 | 2 | 1 | 4 | 3 | 9 | 5 | 6 |
| 2 | 4 | 1 | 8 | 3 | 6 | 7 | 9 | 5 |
| 7 | 6 | 3 | 4 | 5 | 9 | 8 | 1 | 2 |
| 5 | 9 | 8 | 2 | 7 | 1 | 6 | 3 | 4 |
| 3 | 2 | 9 | 5 | 6 | 4 | 1 | 7 | 8 |
| 1 | 5 | 6 | 3 | 8 | 7 | 4 | 2 | 9 |
| 4 | 8 | 7 | 9 | 1 | 2 | 5 | 6 | 3 |

**86**

| 6 | 8 | 2 | 9 | 4 | 3 | 5 | 1 | 7 |
|---|---|---|---|---|---|---|---|---|
| 1 | 7 | 4 | 5 | 6 | 2 | 8 | 3 | 9 |
| 9 | 3 | 5 | 1 | 7 | 8 | 4 | 2 | 6 |
| 8 | 2 | 9 | 3 | 1 | 5 | 6 | 7 | 4 |
| 4 | 6 | 3 | 7 | 8 | 9 | 1 | 5 | 2 |
| 5 | 1 | 7 | 6 | 2 | 4 | 9 | 8 | 3 |
| 7 | 9 | 8 | 2 | 5 | 6 | 3 | 4 | 1 |
| 3 | 5 | 1 | 4 | 9 | 7 | 2 | 6 | 8 |
| 2 | 4 | 6 | 8 | 3 | 1 | 7 | 9 | 5 |

**87**

| 6 | 1 | 7 | 9 | 3 | 8 | 4 | 2 | 5 |
|---|---|---|---|---|---|---|---|---|
| 8 | 4 | 3 | 6 | 5 | 2 | 7 | 9 | 1 |
| 5 | 9 | 2 | 4 | 1 | 7 | 6 | 3 | 8 |
| 4 | 3 | 6 | 8 | 7 | 1 | 2 | 5 | 9 |
| 9 | 2 | 1 | 3 | 6 | 5 | 8 | 7 | 4 |
| 7 | 8 | 5 | 2 | 9 | 4 | 1 | 6 | 3 |
| 1 | 6 | 8 | 5 | 2 | 3 | 9 | 4 | 7 |
| 2 | 5 | 4 | 7 | 8 | 9 | 3 | 1 | 6 |
| 3 | 7 | 9 | 1 | 4 | 6 | 5 | 8 | 2 |

**88**

| 4 | 2 | 8 | 1 | 3 | 6 | 7 | 9 | 5 |
|---|---|---|---|---|---|---|---|---|
| 9 | 5 | 6 | 4 | 2 | 7 | 1 | 3 | 8 |
| 3 | 1 | 7 | 5 | 9 | 8 | 2 | 6 | 4 |
| 6 | 8 | 1 | 9 | 7 | 4 | 3 | 5 | 2 |
| 2 | 9 | 4 | 3 | 8 | 5 | 6 | 1 | 7 |
| 7 | 3 | 5 | 2 | 6 | 1 | 8 | 4 | 9 |
| 5 | 4 | 3 | 7 | 1 | 2 | 9 | 8 | 6 |
| 8 | 7 | 9 | 6 | 5 | 3 | 4 | 2 | 1 |
| 1 | 6 | 2 | 8 | 4 | 9 | 5 | 7 | 3 |

**89**

| 9 | 8 | 7 | 6 | 1 | 2 | 5 | 3 | 4 |
|---|---|---|---|---|---|---|---|---|
| 3 | 5 | 6 | 8 | 7 | 4 | 1 | 2 | 9 |
| 4 | 1 | 2 | 3 | 5 | 9 | 6 | 7 | 8 |
| 7 | 6 | 4 | 9 | 8 | 5 | 3 | 1 | 2 |
| 2 | 3 | 8 | 1 | 6 | 7 | 4 | 9 | 5 |
| 1 | 9 | 5 | 2 | 4 | 3 | 8 | 6 | 7 |
| 6 | 7 | 1 | 5 | 9 | 8 | 2 | 4 | 3 |
| 8 | 2 | 9 | 4 | 3 | 1 | 7 | 5 | 6 |
| 5 | 4 | 3 | 7 | 2 | 6 | 9 | 8 | 1 |

**90**

| 5 | 7 | 3 | 8 | 4 | 2 | 9 | 6 | 1 |
|---|---|---|---|---|---|---|---|---|
| 6 | 1 | 8 | 5 | 9 | 7 | 2 | 3 | 4 |
| 4 | 2 | 9 | 6 | 3 | 1 | 8 | 7 | 5 |
| 2 | 8 | 5 | 7 | 6 | 4 | 3 | 1 | 9 |
| 3 | 6 | 7 | 1 | 2 | 9 | 5 | 4 | 8 |
| 1 | 9 | 4 | 3 | 8 | 5 | 6 | 2 | 7 |
| 9 | 5 | 2 | 4 | 7 | 6 | 1 | 8 | 3 |
| 7 | 3 | 1 | 2 | 5 | 8 | 4 | 9 | 6 |
| 8 | 4 | 6 | 9 | 1 | 3 | 7 | 5 | 2 |

**91**

| 2 | 9 | 6 | 7 | 3 | 5 | 1 | 8 | 4 |
|---|---|---|---|---|---|---|---|---|
| 3 | 8 | 4 | 1 | 9 | 6 | 2 | 7 | 5 |
| 7 | 1 | 5 | 2 | 4 | 8 | 3 | 9 | 6 |
| 9 | 5 | 7 | 3 | 6 | 2 | 4 | 1 | 8 |
| 8 | 4 | 2 | 9 | 7 | 1 | 6 | 5 | 3 |
| 1 | 6 | 3 | 8 | 5 | 4 | 9 | 2 | 7 |
| 4 | 2 | 1 | 5 | 8 | 3 | 7 | 6 | 9 |
| 6 | 7 | 8 | 4 | 2 | 9 | 5 | 3 | 1 |
| 5 | 3 | 9 | 6 | 1 | 7 | 8 | 4 | 2 |

**92**

| 2 | 1 | 8 | 4 | 9 | 5 | 3 | 7 | 6 |
|---|---|---|---|---|---|---|---|---|
| 3 | 7 | 5 | 8 | 6 | 2 | 4 | 9 | 1 |
| 4 | 9 | 6 | 1 | 3 | 7 | 8 | 5 | 2 |
| 7 | 6 | 9 | 3 | 2 | 4 | 1 | 8 | 5 |
| 1 | 3 | 4 | 5 | 8 | 6 | 7 | 2 | 9 |
| 8 | 5 | 2 | 7 | 1 | 9 | 6 | 3 | 4 |
| 9 | 2 | 1 | 6 | 7 | 8 | 5 | 4 | 3 |
| 5 | 8 | 3 | 2 | 4 | 1 | 9 | 6 | 7 |
| 6 | 4 | 7 | 9 | 5 | 3 | 2 | 1 | 8 |

**93**

| 1 | 8 | 9 | 2 | 6 | 3 | 4 | 5 | 7 |
|---|---|---|---|---|---|---|---|---|
| 6 | 5 | 7 | 4 | 1 | 8 | 9 | 2 | 3 |
| 2 | 4 | 3 | 5 | 7 | 9 | 6 | 1 | 8 |
| 7 | 9 | 5 | 6 | 8 | 4 | 1 | 3 | 2 |
| 8 | 6 | 2 | 9 | 3 | 1 | 7 | 4 | 5 |
| 4 | 3 | 1 | 7 | 2 | 5 | 8 | 6 | 9 |
| 5 | 7 | 4 | 1 | 9 | 2 | 3 | 8 | 6 |
| 9 | 2 | 8 | 3 | 4 | 6 | 5 | 7 | 1 |
| 3 | 1 | 6 | 8 | 5 | 7 | 2 | 9 | 4 |

**94**

| 4 | 6 | 8 | 1 | 9 | 2 | 7 | 3 | 5 |
|---|---|---|---|---|---|---|---|---|
| 9 | 2 | 7 | 4 | 3 | 5 | 6 | 8 | 1 |
| 1 | 3 | 5 | 7 | 8 | 6 | 2 | 9 | 4 |
| 6 | 7 | 9 | 2 | 4 | 3 | 1 | 5 | 8 |
| 2 | 8 | 4 | 5 | 7 | 1 | 9 | 6 | 3 |
| 5 | 1 | 3 | 8 | 6 | 9 | 4 | 2 | 7 |
| 3 | 5 | 2 | 6 | 1 | 4 | 8 | 7 | 9 |
| 8 | 9 | 1 | 3 | 2 | 7 | 5 | 4 | 6 |
| 7 | 4 | 6 | 9 | 5 | 8 | 3 | 1 | 2 |

**95**

| 4 | 5 | 1 | 7 | 9 | 8 | 3 | 2 | 6 |
|---|---|---|---|---|---|---|---|---|
| 2 | 6 | 9 | 1 | 3 | 4 | 7 | 8 | 5 |
| 3 | 7 | 8 | 6 | 5 | 2 | 9 | 1 | 4 |
| 9 | 4 | 3 | 2 | 8 | 6 | 1 | 5 | 7 |
| 6 | 1 | 2 | 5 | 4 | 7 | 8 | 9 | 3 |
| 7 | 8 | 5 | 9 | 1 | 3 | 6 | 4 | 2 |
| 5 | 9 | 4 | 3 | 7 | 1 | 2 | 6 | 8 |
| 8 | 3 | 6 | 4 | 2 | 9 | 5 | 7 | 1 |
| 1 | 2 | 7 | 8 | 6 | 5 | 4 | 3 | 9 |

**96**

# Sudoku Solution

| 6 | 9 | 7 | 5 | 1 | 4 | 2 | 3 | 8 |
|---|---|---|---|---|---|---|---|---|
| 3 | 1 | 5 | 2 | 8 | 6 | 4 | 7 | 9 |
| 2 | 4 | 8 | 7 | 3 | 9 | 1 | 6 | 5 |
| 4 | 3 | 1 | 8 | 6 | 7 | 9 | 5 | 2 |
| 5 | 8 | 6 | 9 | 4 | 2 | 3 | 1 | 7 |
| 7 | 2 | 9 | 3 | 5 | 1 | 8 | 4 | 6 |
| 8 | 7 | 3 | 4 | 9 | 5 | 6 | 2 | 1 |
| 9 | 6 | 2 | 1 | 7 | 3 | 5 | 8 | 4 |
| 1 | 5 | 4 | 6 | 2 | 8 | 7 | 9 | 3 |

**97**

| 6 | 3 | 9 | 7 | 8 | 2 | 1 | 5 | 4 |
|---|---|---|---|---|---|---|---|---|
| 7 | 5 | 4 | 3 | 1 | 6 | 2 | 8 | 9 |
| 8 | 2 | 1 | 9 | 5 | 4 | 3 | 6 | 7 |
| 2 | 6 | 3 | 1 | 7 | 5 | 4 | 9 | 8 |
| 9 | 1 | 7 | 8 | 4 | 3 | 6 | 2 | 5 |
| 5 | 4 | 8 | 2 | 6 | 9 | 7 | 3 | 1 |
| 1 | 9 | 6 | 5 | 2 | 7 | 8 | 4 | 3 |
| 4 | 7 | 5 | 6 | 3 | 8 | 9 | 1 | 2 |
| 3 | 8 | 2 | 4 | 9 | 1 | 5 | 7 | 6 |

**98**

| 9 | 5 | 1 | 7 | 2 | 4 | 8 | 6 | 3 |
|---|---|---|---|---|---|---|---|---|
| 8 | 2 | 4 | 3 | 6 | 9 | 7 | 5 | 1 |
| 3 | 6 | 7 | 5 | 8 | 1 | 9 | 2 | 4 |
| 1 | 9 | 5 | 6 | 4 | 3 | 2 | 7 | 8 |
| 4 | 7 | 8 | 1 | 5 | 2 | 3 | 9 | 6 |
| 6 | 3 | 2 | 8 | 9 | 7 | 4 | 1 | 5 |
| 2 | 8 | 9 | 4 | 1 | 6 | 5 | 3 | 7 |
| 7 | 4 | 6 | 9 | 3 | 5 | 1 | 8 | 2 |
| 5 | 1 | 3 | 2 | 7 | 8 | 6 | 4 | 9 |

**99**

| 8 | 3 | 2 | 7 | 9 | 1 | 5 | 6 | 4 |
|---|---|---|---|---|---|---|---|---|
| 4 | 6 | 7 | 2 | 5 | 3 | 1 | 8 | 9 |
| 5 | 9 | 1 | 8 | 6 | 4 | 7 | 3 | 2 |
| 6 | 4 | 8 | 1 | 7 | 2 | 3 | 9 | 5 |
| 1 | 2 | 3 | 5 | 4 | 9 | 8 | 7 | 6 |
| 7 | 5 | 9 | 3 | 8 | 6 | 4 | 2 | 1 |
| 2 | 8 | 5 | 6 | 1 | 7 | 9 | 4 | 3 |
| 9 | 7 | 6 | 4 | 3 | 5 | 2 | 1 | 8 |
| 3 | 1 | 4 | 9 | 2 | 8 | 6 | 5 | 7 |

**100**

# Sudoku Solution

| 2 | 8 | 6 | 4 | 9 | 7 | 1 | 5 | 3 |
|---|---|---|---|---|---|---|---|---|
| 3 | 4 | 1 | 5 | 2 | 8 | 7 | 9 | 6 |
| 7 | 9 | 5 | 1 | 3 | 6 | 4 | 2 | 8 |
| 5 | 1 | 8 | 3 | 6 | 9 | 2 | 4 | 7 |
| 4 | 3 | 7 | 8 | 5 | 2 | 9 | 6 | 1 |
| 6 | 2 | 9 | 7 | 1 | 4 | 8 | 3 | 5 |
| 1 | 7 | 2 | 6 | 4 | 5 | 3 | 8 | 9 |
| 9 | 5 | 3 | 2 | 8 | 1 | 6 | 7 | 4 |
| 8 | 6 | 4 | 9 | 7 | 3 | 5 | 1 | 2 |

**101**

| 3 | 5 | 4 | 2 | 6 | 8 | 7 | 1 | 9 |
|---|---|---|---|---|---|---|---|---|
| 2 | 8 | 7 | 1 | 3 | 9 | 5 | 6 | 4 |
| 1 | 6 | 9 | 4 | 7 | 5 | 8 | 2 | 3 |
| 4 | 1 | 5 | 3 | 9 | 7 | 6 | 8 | 2 |
| 7 | 9 | 3 | 6 | 8 | 2 | 4 | 5 | 1 |
| 8 | 2 | 6 | 5 | 1 | 4 | 9 | 3 | 7 |
| 5 | 7 | 2 | 8 | 4 | 1 | 3 | 9 | 6 |
| 6 | 4 | 8 | 9 | 2 | 3 | 1 | 7 | 5 |
| 9 | 3 | 1 | 7 | 5 | 6 | 2 | 4 | 8 |

**102**

| 3 | 5 | 2 | 7 | 8 | 6 | 4 | 1 | 9 |
|---|---|---|---|---|---|---|---|---|
| 8 | 4 | 9 | 3 | 2 | 1 | 7 | 6 | 5 |
| 1 | 6 | 7 | 9 | 5 | 4 | 2 | 3 | 8 |
| 7 | 8 | 5 | 1 | 9 | 2 | 3 | 4 | 6 |
| 2 | 1 | 4 | 6 | 3 | 8 | 5 | 9 | 7 |
| 6 | 9 | 3 | 5 | 4 | 7 | 8 | 2 | 1 |
| 4 | 7 | 6 | 8 | 1 | 3 | 9 | 5 | 2 |
| 5 | 3 | 1 | 2 | 7 | 9 | 6 | 8 | 4 |
| 9 | 2 | 8 | 4 | 6 | 5 | 1 | 7 | 3 |

**103**

| 1 | 9 | 5 | 2 | 6 | 4 | 7 | 8 | 3 |
|---|---|---|---|---|---|---|---|---|
| 3 | 4 | 6 | 8 | 7 | 9 | 1 | 2 | 5 |
| 7 | 2 | 8 | 3 | 1 | 5 | 4 | 9 | 6 |
| 9 | 1 | 2 | 7 | 3 | 6 | 5 | 4 | 8 |
| 5 | 8 | 3 | 4 | 2 | 1 | 9 | 6 | 7 |
| 6 | 7 | 4 | 9 | 5 | 8 | 3 | 1 | 2 |
| 2 | 6 | 1 | 5 | 9 | 7 | 8 | 3 | 4 |
| 4 | 3 | 7 | 1 | 8 | 2 | 6 | 5 | 9 |
| 8 | 5 | 9 | 6 | 4 | 3 | 2 | 7 | 1 |

**104**

| 1 | 3 | 9 | 5 | 4 | 6 | 7 | 8 | 2 |
|---|---|---|---|---|---|---|---|---|
| 7 | 5 | 2 | 1 | 9 | 8 | 4 | 6 | 3 |
| 8 | 4 | 6 | 7 | 3 | 2 | 9 | 5 | 1 |
| 4 | 6 | 5 | 3 | 7 | 9 | 1 | 2 | 8 |
| 2 | 1 | 3 | 8 | 6 | 4 | 5 | 7 | 9 |
| 9 | 7 | 8 | 2 | 1 | 5 | 3 | 4 | 6 |
| 3 | 8 | 1 | 4 | 2 | 7 | 6 | 9 | 5 |
| 5 | 9 | 7 | 6 | 8 | 3 | 2 | 1 | 4 |
| 6 | 2 | 4 | 9 | 5 | 1 | 8 | 3 | 7 |

**105**

| 7 | 5 | 3 | 4 | 1 | 8 | 6 | 2 | 9 |
|---|---|---|---|---|---|---|---|---|
| 2 | 6 | 1 | 9 | 5 | 3 | 7 | 4 | 8 |
| 8 | 4 | 9 | 7 | 2 | 6 | 1 | 3 | 5 |
| 4 | 9 | 8 | 1 | 3 | 5 | 2 | 7 | 6 |
| 6 | 3 | 5 | 2 | 8 | 7 | 9 | 1 | 4 |
| 1 | 7 | 2 | 6 | 4 | 9 | 5 | 8 | 3 |
| 3 | 1 | 7 | 5 | 9 | 4 | 8 | 6 | 2 |
| 5 | 2 | 4 | 8 | 6 | 1 | 3 | 9 | 7 |
| 9 | 8 | 6 | 3 | 7 | 2 | 4 | 5 | 1 |

**106**

| 9 | 8 | 6 | 7 | 4 | 1 | 2 | 5 | 3 |
|---|---|---|---|---|---|---|---|---|
| 1 | 4 | 5 | 9 | 2 | 3 | 6 | 7 | 8 |
| 7 | 3 | 2 | 6 | 5 | 8 | 4 | 9 | 1 |
| 2 | 5 | 3 | 1 | 6 | 7 | 8 | 4 | 9 |
| 4 | 7 | 8 | 5 | 9 | 2 | 3 | 1 | 6 |
| 6 | 1 | 9 | 8 | 3 | 4 | 5 | 2 | 7 |
| 8 | 2 | 4 | 3 | 7 | 9 | 1 | 6 | 5 |
| 3 | 6 | 7 | 4 | 1 | 5 | 9 | 8 | 2 |
| 5 | 9 | 1 | 2 | 8 | 6 | 7 | 3 | 4 |

**107**

| 7 | 3 | 4 | 2 | 9 | 6 | 5 | 1 | 8 |
|---|---|---|---|---|---|---|---|---|
| 1 | 6 | 9 | 5 | 7 | 8 | 2 | 3 | 4 |
| 8 | 2 | 5 | 3 | 1 | 4 | 6 | 9 | 7 |
| 6 | 9 | 3 | 7 | 2 | 5 | 8 | 4 | 1 |
| 4 | 8 | 7 | 6 | 3 | 1 | 9 | 5 | 2 |
| 5 | 1 | 2 | 4 | 8 | 9 | 3 | 7 | 6 |
| 9 | 5 | 8 | 1 | 6 | 7 | 4 | 2 | 3 |
| 3 | 4 | 1 | 8 | 5 | 2 | 7 | 6 | 9 |
| 2 | 7 | 6 | 9 | 4 | 3 | 1 | 8 | 5 |

**108**

| 1 | 7 | 9 | 5 | 4 | 2 | 8 | 6 | 3 |
|---|---|---|---|---|---|---|---|---|
| 5 | 4 | 6 | 8 | 9 | 3 | 7 | 2 | 1 |
| 3 | 2 | 8 | 7 | 1 | 6 | 4 | 5 | 9 |
| 4 | 9 | 5 | 2 | 3 | 1 | 6 | 8 | 7 |
| 8 | 3 | 7 | 4 | 6 | 5 | 9 | 1 | 2 |
| 2 | 6 | 1 | 9 | 8 | 7 | 3 | 4 | 5 |
| 7 | 5 | 4 | 3 | 2 | 8 | 1 | 9 | 6 |
| 9 | 1 | 3 | 6 | 5 | 4 | 2 | 7 | 8 |
| 6 | 8 | 2 | 1 | 7 | 9 | 5 | 3 | 4 |

**109**

| 1 | 7 | 6 | 4 | 9 | 8 | 3 | 2 | 5 |
|---|---|---|---|---|---|---|---|---|
| 4 | 2 | 3 | 6 | 1 | 5 | 8 | 9 | 7 |
| 5 | 8 | 9 | 3 | 7 | 2 | 1 | 4 | 6 |
| 7 | 3 | 5 | 9 | 2 | 1 | 4 | 6 | 8 |
| 6 | 9 | 2 | 7 | 8 | 4 | 5 | 3 | 1 |
| 8 | 1 | 4 | 5 | 3 | 6 | 2 | 7 | 9 |
| 3 | 4 | 8 | 1 | 6 | 9 | 7 | 5 | 2 |
| 2 | 6 | 7 | 8 | 5 | 3 | 9 | 1 | 4 |
| 9 | 5 | 1 | 2 | 4 | 7 | 6 | 8 | 3 |

**110**

| 1 | 8 | 6 | 7 | 9 | 5 | 2 | 4 | 3 |
|---|---|---|---|---|---|---|---|---|
| 5 | 4 | 7 | 3 | 1 | 2 | 8 | 9 | 6 |
| 3 | 9 | 2 | 6 | 8 | 4 | 7 | 1 | 5 |
| 6 | 2 | 9 | 8 | 3 | 7 | 4 | 5 | 1 |
| 4 | 3 | 5 | 2 | 6 | 1 | 9 | 7 | 8 |
| 8 | 7 | 1 | 4 | 5 | 9 | 6 | 3 | 2 |
| 7 | 5 | 3 | 9 | 2 | 6 | 1 | 8 | 4 |
| 2 | 1 | 4 | 5 | 7 | 8 | 3 | 6 | 9 |
| 9 | 6 | 8 | 1 | 4 | 3 | 5 | 2 | 7 |

**111**

| 2 | 1 | 6 | 7 | 8 | 9 | 4 | 5 | 3 |
|---|---|---|---|---|---|---|---|---|
| 3 | 8 | 9 | 5 | 6 | 4 | 2 | 1 | 7 |
| 4 | 5 | 7 | 2 | 1 | 3 | 6 | 8 | 9 |
| 7 | 3 | 4 | 8 | 5 | 1 | 9 | 6 | 2 |
| 9 | 2 | 8 | 6 | 4 | 7 | 5 | 3 | 1 |
| 5 | 6 | 1 | 9 | 3 | 2 | 7 | 4 | 8 |
| 8 | 4 | 2 | 3 | 9 | 6 | 1 | 7 | 5 |
| 1 | 9 | 3 | 4 | 7 | 5 | 8 | 2 | 6 |
| 6 | 7 | 5 | 1 | 2 | 8 | 3 | 9 | 4 |

**112**

# Sudoku Solution

| 5 | 2 | 4 | 8 | 3 | 9 | 7 | 6 | 1 |
|---|---|---|---|---|---|---|---|---|
| 8 | 1 | 3 | 7 | 6 | 5 | 9 | 4 | 2 |
| 9 | 7 | 6 | 1 | 2 | 4 | 5 | 8 | 3 |
| 1 | 6 | 5 | 3 | 4 | 7 | 8 | 2 | 9 |
| 4 | 8 | 2 | 9 | 1 | 6 | 3 | 7 | 5 |
| 3 | 9 | 7 | 5 | 8 | 2 | 6 | 1 | 4 |
| 6 | 4 | 9 | 2 | 7 | 3 | 1 | 5 | 8 |
| 2 | 5 | 1 | 6 | 9 | 8 | 4 | 3 | 7 |
| 7 | 3 | 8 | 4 | 5 | 1 | 2 | 9 | 6 |

**113**

| 3 | 1 | 4 | 7 | 9 | 8 | 6 | 5 | 2 |
|---|---|---|---|---|---|---|---|---|
| 2 | 8 | 6 | 5 | 4 | 3 | 7 | 1 | 9 |
| 7 | 9 | 5 | 6 | 2 | 1 | 8 | 4 | 3 |
| 8 | 5 | 3 | 2 | 1 | 6 | 9 | 7 | 4 |
| 4 | 7 | 1 | 8 | 3 | 9 | 2 | 6 | 5 |
| 9 | 6 | 2 | 4 | 5 | 7 | 1 | 3 | 8 |
| 6 | 4 | 7 | 9 | 8 | 5 | 3 | 2 | 1 |
| 5 | 3 | 9 | 1 | 7 | 2 | 4 | 8 | 6 |
| 1 | 2 | 8 | 3 | 6 | 4 | 5 | 9 | 7 |

**114**

| 3 | 4 | 7 | 2 | 9 | 8 | 1 | 6 | 5 |
|---|---|---|---|---|---|---|---|---|
| 6 | 1 | 8 | 4 | 3 | 5 | 9 | 7 | 2 |
| 5 | 2 | 9 | 1 | 7 | 6 | 8 | 3 | 4 |
| 4 | 9 | 1 | 5 | 6 | 3 | 7 | 2 | 8 |
| 8 | 5 | 6 | 9 | 2 | 7 | 4 | 1 | 3 |
| 7 | 3 | 2 | 8 | 1 | 4 | 5 | 9 | 6 |
| 9 | 8 | 3 | 6 | 4 | 1 | 2 | 5 | 7 |
| 2 | 6 | 4 | 7 | 5 | 9 | 3 | 8 | 1 |
| 1 | 7 | 5 | 3 | 8 | 2 | 6 | 4 | 9 |

**115**

| 3 | 6 | 9 | 4 | 8 | 2 | 1 | 5 | 7 |
|---|---|---|---|---|---|---|---|---|
| 7 | 2 | 8 | 3 | 1 | 5 | 9 | 6 | 4 |
| 4 | 1 | 5 | 6 | 7 | 9 | 2 | 3 | 8 |
| 2 | 9 | 1 | 5 | 4 | 3 | 7 | 8 | 6 |
| 8 | 4 | 6 | 9 | 2 | 7 | 5 | 1 | 3 |
| 5 | 7 | 3 | 1 | 6 | 8 | 4 | 2 | 9 |
| 6 | 5 | 2 | 8 | 9 | 4 | 3 | 7 | 1 |
| 9 | 8 | 7 | 2 | 3 | 1 | 6 | 4 | 5 |
| 1 | 3 | 4 | 7 | 5 | 6 | 8 | 9 | 2 |

**116**

| 9 | 5 | 4 | 3 | 8 | 7 | 2 | 6 | 1 |
|---|---|---|---|---|---|---|---|---|
| 2 | 3 | 7 | 6 | 9 | 1 | 5 | 4 | 8 |
| 1 | 6 | 8 | 5 | 2 | 4 | 3 | 7 | 9 |
| 4 | 9 | 1 | 2 | 6 | 5 | 8 | 3 | 7 |
| 6 | 8 | 2 | 7 | 3 | 9 | 1 | 5 | 4 |
| 3 | 7 | 5 | 4 | 1 | 8 | 6 | 9 | 2 |
| 8 | 1 | 3 | 9 | 4 | 6 | 7 | 2 | 5 |
| 7 | 2 | 9 | 1 | 5 | 3 | 4 | 8 | 6 |
| 5 | 4 | 6 | 8 | 7 | 2 | 9 | 1 | 3 |

**117**

| 3 | 2 | 4 | 8 | 6 | 9 | 5 | 1 | 7 |
|---|---|---|---|---|---|---|---|---|
| 8 | 1 | 7 | 5 | 3 | 4 | 6 | 2 | 9 |
| 9 | 6 | 5 | 2 | 7 | 1 | 8 | 3 | 4 |
| 1 | 7 | 2 | 6 | 4 | 8 | 3 | 9 | 5 |
| 5 | 8 | 3 | 1 | 9 | 7 | 2 | 4 | 6 |
| 6 | 4 | 9 | 3 | 2 | 5 | 1 | 7 | 8 |
| 7 | 5 | 8 | 4 | 1 | 3 | 9 | 6 | 2 |
| 4 | 3 | 6 | 9 | 8 | 2 | 7 | 5 | 1 |
| 2 | 9 | 1 | 7 | 5 | 6 | 4 | 8 | 3 |

**118**

| 6 | 3 | 1 | 9 | 5 | 2 | 7 | 4 | 8 |
|---|---|---|---|---|---|---|---|---|
| 5 | 9 | 8 | 4 | 7 | 1 | 3 | 2 | 6 |
| 4 | 2 | 7 | 6 | 8 | 3 | 9 | 1 | 5 |
| 2 | 4 | 3 | 1 | 9 | 5 | 6 | 8 | 7 |
| 7 | 5 | 9 | 8 | 2 | 6 | 4 | 3 | 1 |
| 1 | 8 | 6 | 7 | 3 | 4 | 2 | 5 | 9 |
| 8 | 6 | 2 | 3 | 1 | 7 | 5 | 9 | 4 |
| 3 | 1 | 4 | 5 | 6 | 9 | 8 | 7 | 2 |
| 9 | 7 | 5 | 2 | 4 | 8 | 1 | 6 | 3 |

**119**

| 3 | 9 | 1 | 5 | 8 | 6 | 7 | 4 | 2 |
|---|---|---|---|---|---|---|---|---|
| 2 | 4 | 6 | 7 | 1 | 9 | 5 | 3 | 8 |
| 8 | 7 | 5 | 2 | 3 | 4 | 9 | 1 | 6 |
| 9 | 3 | 4 | 8 | 5 | 2 | 6 | 7 | 1 |
| 1 | 6 | 7 | 4 | 9 | 3 | 2 | 8 | 5 |
| 5 | 8 | 2 | 6 | 7 | 1 | 4 | 9 | 3 |
| 6 | 5 | 9 | 3 | 4 | 8 | 1 | 2 | 7 |
| 4 | 2 | 3 | 1 | 6 | 7 | 8 | 5 | 9 |
| 7 | 1 | 8 | 9 | 2 | 5 | 3 | 6 | 4 |

**120**

| 2 | 7 | 3 | 6 | 4 | 9 | 1 | 8 | 5 |
|---|---|---|---|---|---|---|---|---|
| 4 | 6 | 8 | 5 | 3 | 1 | 7 | 2 | 9 |
| 5 | 1 | 9 | 2 | 8 | 7 | 4 | 3 | 6 |
| 7 | 3 | 4 | 8 | 5 | 6 | 9 | 1 | 2 |
| 6 | 9 | 2 | 1 | 7 | 4 | 8 | 5 | 3 |
| 1 | 8 | 5 | 3 | 9 | 2 | 6 | 7 | 4 |
| 3 | 4 | 6 | 7 | 1 | 5 | 2 | 9 | 8 |
| 8 | 2 | 7 | 9 | 6 | 3 | 5 | 4 | 1 |
| 9 | 5 | 1 | 4 | 2 | 8 | 3 | 6 | 7 |

**121**

| 1 | 6 | 8 | 2 | 9 | 4 | 5 | 7 | 3 |
|---|---|---|---|---|---|---|---|---|
| 9 | 7 | 2 | 8 | 5 | 3 | 1 | 6 | 4 |
| 4 | 5 | 3 | 7 | 1 | 6 | 9 | 2 | 8 |
| 6 | 9 | 4 | 1 | 2 | 7 | 3 | 8 | 5 |
| 2 | 3 | 1 | 5 | 4 | 8 | 6 | 9 | 7 |
| 7 | 8 | 5 | 6 | 3 | 9 | 4 | 1 | 2 |
| 8 | 1 | 7 | 3 | 6 | 5 | 2 | 4 | 9 |
| 5 | 4 | 6 | 9 | 8 | 2 | 7 | 3 | 1 |
| 3 | 2 | 9 | 4 | 7 | 1 | 8 | 5 | 6 |

**122**

| 3 | 6 | 4 | 7 | 8 | 1 | 5 | 2 | 9 |
|---|---|---|---|---|---|---|---|---|
| 2 | 9 | 7 | 5 | 6 | 3 | 8 | 4 | 1 |
| 1 | 5 | 8 | 2 | 4 | 9 | 3 | 6 | 7 |
| 8 | 2 | 3 | 1 | 9 | 6 | 4 | 7 | 5 |
| 7 | 1 | 9 | 3 | 5 | 4 | 6 | 8 | 2 |
| 5 | 4 | 6 | 8 | 2 | 7 | 1 | 9 | 3 |
| 6 | 7 | 2 | 4 | 3 | 5 | 9 | 1 | 8 |
| 9 | 8 | 5 | 6 | 1 | 2 | 7 | 3 | 4 |
| 4 | 3 | 1 | 9 | 7 | 8 | 2 | 5 | 6 |

**123**

| 5 | 6 | 4 | 2 | 3 | 7 | 9 | 1 | 8 |
|---|---|---|---|---|---|---|---|---|
| 3 | 9 | 1 | 5 | 8 | 6 | 4 | 2 | 7 |
| 2 | 7 | 8 | 4 | 1 | 9 | 6 | 5 | 3 |
| 1 | 2 | 5 | 3 | 4 | 8 | 7 | 9 | 6 |
| 7 | 4 | 6 | 1 | 9 | 5 | 3 | 8 | 2 |
| 9 | 8 | 3 | 6 | 7 | 2 | 1 | 4 | 5 |
| 4 | 3 | 2 | 7 | 5 | 1 | 8 | 6 | 9 |
| 6 | 1 | 9 | 8 | 2 | 3 | 5 | 7 | 4 |
| 8 | 5 | 7 | 9 | 6 | 4 | 2 | 3 | 1 |

**124**

# Sudoku Solution

| 7 | 1 | 2 | 9 | 3 | 8 | 6 | 5 | 4 |
|---|---|---|---|---|---|---|---|---|
| 5 | 8 | 4 | 7 | 6 | 1 | 2 | 3 | 9 |
| 3 | 9 | 6 | 2 | 4 | 5 | 8 | 1 | 7 |
| 2 | 4 | 7 | 3 | 1 | 6 | 9 | 8 | 5 |
| 1 | 3 | 8 | 5 | 9 | 2 | 4 | 7 | 6 |
| 9 | 6 | 5 | 8 | 7 | 4 | 3 | 2 | 1 |
| 4 | 5 | 3 | 1 | 8 | 9 | 7 | 6 | 2 |
| 6 | 7 | 1 | 4 | 2 | 3 | 5 | 9 | 8 |
| 8 | 2 | 9 | 6 | 5 | 7 | 1 | 4 | 3 |

**125**

| 4 | 6 | 2 | 3 | 1 | 5 | 7 | 8 | 9 |
|---|---|---|---|---|---|---|---|---|
| 8 | 9 | 5 | 2 | 7 | 4 | 1 | 3 | 6 |
| 1 | 3 | 7 | 8 | 9 | 6 | 4 | 2 | 5 |
| 6 | 1 | 4 | 9 | 3 | 8 | 2 | 5 | 7 |
| 5 | 2 | 8 | 7 | 4 | 1 | 6 | 9 | 3 |
| 3 | 7 | 9 | 5 | 6 | 2 | 8 | 1 | 4 |
| 2 | 5 | 3 | 6 | 8 | 7 | 9 | 4 | 1 |
| 9 | 4 | 6 | 1 | 2 | 3 | 5 | 7 | 8 |
| 7 | 8 | 1 | 4 | 5 | 9 | 3 | 6 | 2 |

**126**

| 5 | 9 | 8 | 6 | 1 | 3 | 4 | 7 | 2 |
|---|---|---|---|---|---|---|---|---|
| 1 | 6 | 7 | 4 | 2 | 8 | 3 | 9 | 5 |
| 3 | 2 | 4 | 5 | 7 | 9 | 6 | 8 | 1 |
| 7 | 5 | 3 | 1 | 9 | 4 | 8 | 2 | 6 |
| 8 | 1 | 6 | 7 | 3 | 2 | 9 | 5 | 4 |
| 2 | 4 | 9 | 8 | 5 | 6 | 7 | 1 | 3 |
| 6 | 8 | 2 | 9 | 4 | 1 | 5 | 3 | 7 |
| 9 | 7 | 1 | 3 | 6 | 5 | 2 | 4 | 8 |
| 4 | 3 | 5 | 2 | 8 | 7 | 1 | 6 | 9 |

**127**

| 6 | 3 | 7 | 1 | 4 | 8 | 2 | 5 | 9 |
|---|---|---|---|---|---|---|---|---|
| 5 | 1 | 4 | 6 | 9 | 2 | 3 | 7 | 8 |
| 8 | 2 | 9 | 7 | 5 | 3 | 1 | 6 | 4 |
| 2 | 6 | 1 | 3 | 8 | 5 | 9 | 4 | 7 |
| 7 | 5 | 3 | 9 | 6 | 4 | 8 | 1 | 2 |
| 4 | 9 | 8 | 2 | 7 | 1 | 6 | 3 | 5 |
| 1 | 7 | 2 | 5 | 3 | 9 | 4 | 8 | 6 |
| 9 | 8 | 6 | 4 | 1 | 7 | 5 | 2 | 3 |
| 3 | 4 | 5 | 8 | 2 | 6 | 7 | 9 | 1 |

**128**

| 1 | 9 | 5 | 6 | 3 | 2 | 4 | 8 | 7 |
|---|---|---|---|---|---|---|---|---|
| 6 | 8 | 2 | 9 | 7 | 4 | 3 | 1 | 5 |
| 3 | 4 | 7 | 5 | 8 | 1 | 2 | 6 | 9 |
| 4 | 7 | 1 | 8 | 2 | 6 | 9 | 5 | 3 |
| 9 | 3 | 6 | 7 | 4 | 5 | 1 | 2 | 8 |
| 5 | 2 | 8 | 1 | 9 | 3 | 6 | 7 | 4 |
| 7 | 6 | 4 | 3 | 1 | 8 | 5 | 9 | 2 |
| 2 | 1 | 9 | 4 | 5 | 7 | 8 | 3 | 6 |
| 8 | 5 | 3 | 2 | 6 | 9 | 7 | 4 | 1 |

**129**

| 1 | 6 | 3 | 5 | 7 | 9 | 2 | 4 | 8 |
|---|---|---|---|---|---|---|---|---|
| 8 | 2 | 5 | 6 | 1 | 4 | 7 | 9 | 3 |
| 7 | 9 | 4 | 8 | 3 | 2 | 6 | 5 | 1 |
| 3 | 8 | 9 | 1 | 2 | 7 | 5 | 6 | 4 |
| 6 | 4 | 2 | 3 | 9 | 5 | 1 | 8 | 7 |
| 5 | 7 | 1 | 4 | 6 | 8 | 9 | 3 | 2 |
| 2 | 5 | 8 | 9 | 4 | 1 | 3 | 7 | 6 |
| 4 | 3 | 7 | 2 | 5 | 6 | 8 | 1 | 9 |
| 9 | 1 | 6 | 7 | 8 | 3 | 4 | 2 | 5 |

**130**

| 1 | 4 | 7 | 3 | 6 | 2 | 8 | 5 | 9 |
|---|---|---|---|---|---|---|---|---|
| 6 | 9 | 8 | 1 | 4 | 5 | 2 | 3 | 7 |
| 5 | 3 | 2 | 9 | 7 | 8 | 1 | 4 | 6 |
| 2 | 8 | 1 | 5 | 9 | 7 | 4 | 6 | 3 |
| 9 | 5 | 6 | 4 | 3 | 1 | 7 | 8 | 2 |
| 3 | 7 | 4 | 8 | 2 | 6 | 5 | 9 | 1 |
| 8 | 1 | 3 | 2 | 5 | 9 | 6 | 7 | 4 |
| 4 | 6 | 5 | 7 | 1 | 3 | 9 | 2 | 8 |
| 7 | 2 | 9 | 6 | 8 | 4 | 3 | 1 | 5 |

**131**

| 5 | 4 | 8 | 9 | 2 | 1 | 6 | 7 | 3 |
|---|---|---|---|---|---|---|---|---|
| 9 | 7 | 1 | 6 | 3 | 5 | 4 | 2 | 8 |
| 2 | 3 | 6 | 8 | 7 | 4 | 5 | 9 | 1 |
| 1 | 8 | 2 | 7 | 4 | 9 | 3 | 5 | 6 |
| 3 | 6 | 9 | 5 | 1 | 2 | 8 | 4 | 7 |
| 4 | 5 | 7 | 3 | 8 | 6 | 2 | 1 | 9 |
| 6 | 1 | 5 | 4 | 9 | 8 | 7 | 3 | 2 |
| 7 | 9 | 4 | 2 | 6 | 3 | 1 | 8 | 5 |
| 8 | 2 | 3 | 1 | 5 | 7 | 9 | 6 | 4 |

**132**

| 2 | 9 | 5 | 6 | 4 | 8 | 3 | 1 | 7 |
|---|---|---|---|---|---|---|---|---|
| 6 | 8 | 7 | 5 | 3 | 1 | 2 | 9 | 4 |
| 4 | 1 | 3 | 9 | 2 | 7 | 8 | 5 | 6 |
| 3 | 5 | 6 | 2 | 1 | 9 | 4 | 7 | 8 |
| 8 | 4 | 2 | 7 | 5 | 6 | 9 | 3 | 1 |
| 9 | 7 | 1 | 3 | 8 | 4 | 6 | 2 | 5 |
| 1 | 3 | 9 | 8 | 6 | 5 | 7 | 4 | 2 |
| 5 | 2 | 8 | 4 | 7 | 3 | 1 | 6 | 9 |
| 7 | 6 | 4 | 1 | 9 | 2 | 5 | 8 | 3 |

**133**

| 4 | 6 | 8 | 1 | 2 | 9 | 7 | 3 | 5 |
|---|---|---|---|---|---|---|---|---|
| 3 | 5 | 9 | 8 | 6 | 7 | 1 | 4 | 2 |
| 1 | 7 | 2 | 5 | 4 | 3 | 9 | 6 | 8 |
| 8 | 1 | 6 | 2 | 7 | 4 | 5 | 9 | 3 |
| 2 | 9 | 5 | 6 | 3 | 1 | 4 | 8 | 7 |
| 7 | 3 | 4 | 9 | 8 | 5 | 2 | 1 | 6 |
| 5 | 4 | 3 | 7 | 9 | 6 | 8 | 2 | 1 |
| 6 | 2 | 7 | 4 | 1 | 8 | 3 | 5 | 9 |
| 9 | 8 | 1 | 3 | 5 | 2 | 6 | 7 | 4 |

**134**

| 5 | 9 | 8 | 6 | 2 | 7 | 1 | 3 | 4 |
|---|---|---|---|---|---|---|---|---|
| 4 | 2 | 6 | 9 | 3 | 1 | 5 | 8 | 7 |
| 1 | 3 | 7 | 4 | 5 | 8 | 2 | 6 | 9 |
| 3 | 7 | 4 | 2 | 6 | 5 | 8 | 9 | 1 |
| 8 | 5 | 2 | 1 | 7 | 9 | 6 | 4 | 3 |
| 9 | 6 | 1 | 3 | 8 | 4 | 7 | 2 | 5 |
| 2 | 8 | 5 | 7 | 9 | 3 | 4 | 1 | 6 |
| 6 | 1 | 9 | 5 | 4 | 2 | 3 | 7 | 8 |
| 7 | 4 | 3 | 8 | 1 | 6 | 9 | 5 | 2 |

**135**

| 9 | 8 | 6 | 1 | 2 | 7 | 4 | 3 | 5 |
|---|---|---|---|---|---|---|---|---|
| 5 | 4 | 7 | 6 | 8 | 3 | 1 | 2 | 9 |
| 3 | 2 | 1 | 9 | 5 | 4 | 8 | 7 | 6 |
| 8 | 7 | 5 | 2 | 6 | 1 | 3 | 9 | 4 |
| 4 | 6 | 2 | 3 | 9 | 8 | 5 | 1 | 7 |
| 1 | 9 | 3 | 4 | 7 | 5 | 2 | 6 | 8 |
| 6 | 5 | 8 | 7 | 3 | 2 | 9 | 4 | 1 |
| 2 | 1 | 9 | 5 | 4 | 6 | 7 | 8 | 3 |
| 7 | 3 | 4 | 8 | 1 | 9 | 6 | 5 | 2 |

**136**

# Sudoku Solution

| 3 | 7 | 1 | 2 | 9 | 4 | 8 | 6 | 5 |
|---|---|---|---|---|---|---|---|---|
| 6 | 5 | 4 | 8 | 3 | 7 | 1 | 9 | 2 |
| 8 | 2 | 9 | 1 | 6 | 5 | 7 | 3 | 4 |
| 4 | 6 | 2 | 5 | 8 | 9 | 3 | 1 | 7 |
| 9 | 1 | 8 | 7 | 2 | 3 | 5 | 4 | 6 |
| 7 | 3 | 5 | 4 | 1 | 6 | 2 | 8 | 9 |
| 5 | 9 | 6 | 3 | 7 | 8 | 4 | 2 | 1 |
| 1 | 4 | 3 | 6 | 5 | 2 | 9 | 7 | 8 |
| 2 | 8 | 7 | 9 | 4 | 1 | 6 | 5 | 3 |

**137**

| 6 | 9 | 2 | 8 | 4 | 3 | 1 | 5 | 7 |
|---|---|---|---|---|---|---|---|---|
| 8 | 7 | 5 | 2 | 9 | 1 | 4 | 3 | 6 |
| 3 | 1 | 4 | 6 | 7 | 5 | 2 | 8 | 9 |
| 9 | 4 | 1 | 7 | 3 | 2 | 5 | 6 | 8 |
| 2 | 6 | 7 | 4 | 5 | 8 | 3 | 9 | 1 |
| 5 | 3 | 8 | 9 | 1 | 6 | 7 | 2 | 4 |
| 7 | 8 | 3 | 1 | 2 | 9 | 6 | 4 | 5 |
| 1 | 2 | 6 | 5 | 8 | 4 | 9 | 7 | 3 |
| 4 | 5 | 9 | 3 | 6 | 7 | 8 | 1 | 2 |

**138**

| 5 | 1 | 4 | 6 | 2 | 8 | 7 | 9 | 3 |
|---|---|---|---|---|---|---|---|---|
| 3 | 9 | 8 | 1 | 7 | 5 | 4 | 6 | 2 |
| 6 | 2 | 7 | 3 | 4 | 9 | 1 | 5 | 8 |
| 2 | 3 | 9 | 7 | 1 | 4 | 6 | 8 | 5 |
| 7 | 8 | 5 | 9 | 3 | 6 | 2 | 1 | 4 |
| 4 | 6 | 1 | 5 | 8 | 2 | 3 | 7 | 9 |
| 9 | 5 | 2 | 4 | 6 | 1 | 8 | 3 | 7 |
| 1 | 4 | 3 | 8 | 5 | 7 | 9 | 2 | 6 |
| 8 | 7 | 6 | 2 | 9 | 3 | 5 | 4 | 1 |

**139**

| 7 | 4 | 6 | 9 | 3 | 1 | 5 | 2 | 8 |
|---|---|---|---|---|---|---|---|---|
| 8 | 3 | 1 | 5 | 2 | 7 | 4 | 9 | 6 |
| 5 | 2 | 9 | 4 | 8 | 6 | 7 | 3 | 1 |
| 1 | 9 | 8 | 7 | 5 | 4 | 2 | 6 | 3 |
| 6 | 7 | 3 | 1 | 9 | 2 | 8 | 4 | 5 |
| 2 | 5 | 4 | 8 | 6 | 3 | 1 | 7 | 9 |
| 3 | 1 | 2 | 6 | 4 | 5 | 9 | 8 | 7 |
| 4 | 8 | 5 | 3 | 7 | 9 | 6 | 1 | 2 |
| 9 | 6 | 7 | 2 | 1 | 8 | 3 | 5 | 4 |

**140**

| 8 | 5 | 7 | 1 | 6 | 3 | 2 | 9 | 4 |
|---|---|---|---|---|---|---|---|---|
| 2 | 1 | 6 | 8 | 4 | 9 | 7 | 5 | 3 |
| 4 | 3 | 9 | 2 | 5 | 7 | 1 | 6 | 8 |
| 3 | 8 | 5 | 9 | 7 | 4 | 6 | 2 | 1 |
| 6 | 4 | 2 | 5 | 1 | 8 | 9 | 3 | 7 |
| 7 | 9 | 1 | 3 | 2 | 6 | 4 | 8 | 5 |
| 9 | 2 | 4 | 7 | 3 | 5 | 8 | 1 | 6 |
| 1 | 7 | 3 | 6 | 8 | 2 | 5 | 4 | 9 |
| 5 | 6 | 8 | 4 | 9 | 1 | 3 | 7 | 2 |

**141**

| 1 | 4 | 7 | 5 | 2 | 6 | 3 | 8 | 9 |
|---|---|---|---|---|---|---|---|---|
| 2 | 8 | 9 | 4 | 1 | 3 | 7 | 5 | 6 |
| 3 | 6 | 5 | 8 | 9 | 7 | 4 | 2 | 1 |
| 6 | 7 | 2 | 3 | 4 | 1 | 5 | 9 | 8 |
| 9 | 5 | 1 | 7 | 8 | 2 | 6 | 3 | 4 |
| 8 | 3 | 4 | 6 | 5 | 9 | 1 | 7 | 2 |
| 7 | 1 | 8 | 9 | 6 | 5 | 2 | 4 | 3 |
| 4 | 2 | 3 | 1 | 7 | 8 | 9 | 6 | 5 |
| 5 | 9 | 6 | 2 | 3 | 4 | 8 | 1 | 7 |

**142**

| 5 | 9 | 3 | 4 | 2 | 6 | 7 | 1 | 8 |
|---|---|---|---|---|---|---|---|---|
| 4 | 2 | 7 | 8 | 1 | 3 | 9 | 6 | 5 |
| 8 | 1 | 6 | 7 | 9 | 5 | 4 | 3 | 2 |
| 1 | 5 | 4 | 9 | 8 | 7 | 6 | 2 | 3 |
| 3 | 6 | 9 | 2 | 5 | 4 | 8 | 7 | 1 |
| 2 | 7 | 8 | 3 | 6 | 1 | 5 | 4 | 9 |
| 9 | 8 | 1 | 6 | 7 | 2 | 3 | 5 | 4 |
| 7 | 4 | 5 | 1 | 3 | 9 | 2 | 8 | 6 |
| 6 | 3 | 2 | 5 | 4 | 8 | 1 | 9 | 7 |

**143**

| 1 | 6 | 9 | 3 | 4 | 2 | 7 | 5 | 8 |
|---|---|---|---|---|---|---|---|---|
| 5 | 7 | 4 | 9 | 1 | 8 | 3 | 2 | 6 |
| 8 | 2 | 3 | 6 | 7 | 5 | 9 | 1 | 4 |
| 2 | 8 | 6 | 4 | 3 | 1 | 5 | 9 | 7 |
| 3 | 4 | 5 | 7 | 2 | 9 | 8 | 6 | 1 |
| 9 | 1 | 7 | 8 | 5 | 6 | 4 | 3 | 2 |
| 6 | 3 | 2 | 5 | 8 | 4 | 1 | 7 | 9 |
| 7 | 9 | 8 | 1 | 6 | 3 | 2 | 4 | 5 |
| 4 | 5 | 1 | 2 | 9 | 7 | 6 | 8 | 3 |

**144**

| 1 | 5 | 7 | 9 | 6 | 2 | 4 | 3 | 8 |
|---|---|---|---|---|---|---|---|---|
| 4 | 9 | 2 | 5 | 3 | 8 | 6 | 7 | 1 |
| 8 | 6 | 3 | 7 | 1 | 4 | 2 | 5 | 9 |
| 6 | 1 | 9 | 3 | 2 | 7 | 8 | 4 | 5 |
| 5 | 7 | 8 | 1 | 4 | 6 | 9 | 2 | 3 |
| 3 | 2 | 4 | 8 | 5 | 9 | 1 | 6 | 7 |
| 7 | 4 | 1 | 6 | 8 | 3 | 5 | 9 | 2 |
| 2 | 3 | 5 | 4 | 9 | 1 | 7 | 8 | 6 |
| 9 | 8 | 6 | 2 | 7 | 5 | 3 | 1 | 4 |

**145**

| 6 | 4 | 9 | 8 | 1 | 5 | 7 | 2 | 3 |
|---|---|---|---|---|---|---|---|---|
| 2 | 5 | 7 | 6 | 4 | 3 | 1 | 9 | 8 |
| 1 | 8 | 3 | 7 | 2 | 9 | 5 | 4 | 6 |
| 9 | 6 | 4 | 1 | 3 | 2 | 8 | 5 | 7 |
| 7 | 3 | 1 | 5 | 8 | 4 | 2 | 6 | 9 |
| 5 | 2 | 8 | 9 | 6 | 7 | 4 | 3 | 1 |
| 8 | 1 | 5 | 2 | 9 | 6 | 3 | 7 | 4 |
| 3 | 9 | 2 | 4 | 7 | 1 | 6 | 8 | 5 |
| 4 | 7 | 6 | 3 | 5 | 8 | 9 | 1 | 2 |

**146**

| 1 | 7 | 3 | 4 | 5 | 6 | 8 | 9 | 2 |
|---|---|---|---|---|---|---|---|---|
| 9 | 2 | 5 | 3 | 8 | 1 | 7 | 6 | 4 |
| 4 | 6 | 8 | 7 | 2 | 9 | 3 | 5 | 1 |
| 3 | 9 | 1 | 5 | 4 | 7 | 2 | 8 | 6 |
| 6 | 5 | 4 | 2 | 9 | 8 | 1 | 3 | 7 |
| 7 | 8 | 2 | 6 | 1 | 3 | 9 | 4 | 5 |
| 5 | 4 | 7 | 8 | 3 | 2 | 6 | 1 | 9 |
| 2 | 3 | 9 | 1 | 6 | 5 | 4 | 7 | 8 |
| 8 | 1 | 6 | 9 | 7 | 4 | 5 | 2 | 3 |

**147**

| 4 | 3 | 5 | 7 | 8 | 6 | 1 | 9 | 2 |
|---|---|---|---|---|---|---|---|---|
| 9 | 2 | 1 | 3 | 4 | 5 | 8 | 6 | 7 |
| 7 | 6 | 8 | 9 | 1 | 2 | 5 | 4 | 3 |
| 6 | 1 | 3 | 2 | 9 | 8 | 7 | 5 | 4 |
| 5 | 9 | 4 | 1 | 7 | 3 | 6 | 2 | 8 |
| 2 | 8 | 7 | 5 | 6 | 4 | 3 | 1 | 9 |
| 8 | 4 | 2 | 6 | 3 | 1 | 9 | 7 | 5 |
| 1 | 5 | 9 | 8 | 2 | 7 | 4 | 3 | 6 |
| 3 | 7 | 6 | 4 | 5 | 9 | 2 | 8 | 1 |

**148**

# Sudoku Solution

| 4 | 8 | 2 | 9 | 3 | 7 | 1 | 5 | 6 |
|---|---|---|---|---|---|---|---|---|
| 6 | 3 | 5 | 1 | 8 | 4 | 2 | 9 | 7 |
| 9 | 7 | 1 | 5 | 2 | 6 | 3 | 4 | 8 |
| 1 | 2 | 3 | 4 | 7 | 9 | 6 | 8 | 5 |
| 8 | 5 | 4 | 6 | 1 | 3 | 7 | 2 | 9 |
| 7 | 6 | 9 | 2 | 5 | 8 | 4 | 1 | 3 |
| 2 | 9 | 6 | 3 | 4 | 5 | 8 | 7 | 1 |
| 3 | 4 | 7 | 8 | 9 | 1 | 5 | 6 | 2 |
| 5 | 1 | 8 | 7 | 6 | 2 | 9 | 3 | 4 |

**149**

| 7 | 3 | 4 | 9 | 1 | 8 | 2 | 5 | 6 |
|---|---|---|---|---|---|---|---|---|
| 9 | 1 | 6 | 2 | 3 | 5 | 7 | 4 | 8 |
| 5 | 2 | 8 | 7 | 4 | 6 | 9 | 3 | 1 |
| 3 | 7 | 2 | 8 | 9 | 4 | 6 | 1 | 5 |
| 4 | 5 | 9 | 3 | 6 | 1 | 8 | 7 | 2 |
| 8 | 6 | 1 | 5 | 2 | 7 | 3 | 9 | 4 |
| 6 | 8 | 7 | 4 | 5 | 9 | 1 | 2 | 3 |
| 2 | 9 | 5 | 1 | 8 | 3 | 4 | 6 | 7 |
| 1 | 4 | 3 | 6 | 7 | 2 | 5 | 8 | 9 |

**150**

| 7 | 1 | 8 | 4 | 6 | 5 | 3 | 2 | 9 |
|---|---|---|---|---|---|---|---|---|
| 3 | 5 | 4 | 2 | 7 | 9 | 8 | 6 | 1 |
| 2 | 6 | 9 | 3 | 8 | 1 | 4 | 7 | 5 |
| 6 | 9 | 3 | 8 | 4 | 2 | 1 | 5 | 7 |
| 8 | 2 | 1 | 6 | 5 | 7 | 9 | 3 | 4 |
| 5 | 4 | 7 | 1 | 9 | 3 | 2 | 8 | 6 |
| 1 | 7 | 2 | 5 | 3 | 4 | 6 | 9 | 8 |
| 4 | 8 | 5 | 9 | 2 | 6 | 7 | 1 | 3 |
| 9 | 3 | 6 | 7 | 1 | 8 | 5 | 4 | 2 |

**151**

| 3 | 7 | 6 | 1 | 5 | 4 | 8 | 2 | 9 |
|---|---|---|---|---|---|---|---|---|
| 1 | 4 | 2 | 3 | 9 | 8 | 7 | 6 | 5 |
| 5 | 8 | 9 | 6 | 2 | 7 | 4 | 3 | 1 |
| 2 | 9 | 7 | 8 | 3 | 6 | 5 | 1 | 4 |
| 8 | 6 | 5 | 4 | 1 | 9 | 2 | 7 | 3 |
| 4 | 3 | 1 | 5 | 7 | 2 | 6 | 9 | 8 |
| 6 | 1 | 3 | 2 | 8 | 5 | 9 | 4 | 7 |
| 9 | 5 | 4 | 7 | 6 | 1 | 3 | 8 | 2 |
| 7 | 2 | 8 | 9 | 4 | 3 | 1 | 5 | 6 |

**152**

| 1 | 4 | 5 | 9 | 7 | 8 | 6 | 3 | 2 |
|---|---|---|---|---|---|---|---|---|
| 2 | 8 | 7 | 3 | 1 | 6 | 4 | 9 | 5 |
| 6 | 3 | 9 | 2 | 5 | 4 | 8 | 1 | 7 |
| 7 | 1 | 2 | 4 | 9 | 5 | 3 | 6 | 8 |
| 8 | 6 | 4 | 1 | 3 | 7 | 2 | 5 | 9 |
| 5 | 9 | 3 | 8 | 6 | 2 | 1 | 7 | 4 |
| 3 | 2 | 1 | 5 | 8 | 9 | 7 | 4 | 6 |
| 4 | 5 | 6 | 7 | 2 | 1 | 9 | 8 | 3 |
| 9 | 7 | 8 | 6 | 4 | 3 | 5 | 2 | 1 |

**153**

| 2 | 9 | 6 | 8 | 4 | 1 | 3 | 7 | 5 |
|---|---|---|---|---|---|---|---|---|
| 1 | 4 | 5 | 9 | 3 | 7 | 8 | 2 | 6 |
| 8 | 7 | 3 | 6 | 5 | 2 | 4 | 9 | 1 |
| 6 | 5 | 8 | 2 | 1 | 3 | 9 | 4 | 7 |
| 3 | 2 | 4 | 7 | 6 | 9 | 1 | 5 | 8 |
| 9 | 1 | 7 | 5 | 8 | 4 | 2 | 6 | 3 |
| 7 | 3 | 2 | 1 | 9 | 5 | 6 | 8 | 4 |
| 5 | 6 | 1 | 4 | 2 | 8 | 7 | 3 | 9 |
| 4 | 8 | 9 | 3 | 7 | 6 | 5 | 1 | 2 |

**154**

| 4 | 2 | 9 | 5 | 1 | 6 | 7 | 3 | 8 |
|---|---|---|---|---|---|---|---|---|
| 7 | 5 | 6 | 3 | 8 | 2 | 9 | 1 | 4 |
| 3 | 8 | 1 | 7 | 9 | 4 | 6 | 2 | 5 |
| 6 | 3 | 5 | 8 | 4 | 7 | 1 | 9 | 2 |
| 9 | 7 | 2 | 6 | 5 | 1 | 4 | 8 | 3 |
| 8 | 1 | 4 | 2 | 3 | 9 | 5 | 6 | 7 |
| 2 | 4 | 3 | 9 | 6 | 5 | 8 | 7 | 1 |
| 5 | 9 | 7 | 1 | 2 | 8 | 3 | 4 | 6 |
| 1 | 6 | 8 | 4 | 7 | 3 | 2 | 5 | 9 |

**155**

| 3 | 2 | 5 | 8 | 4 | 9 | 7 | 6 | 1 |
|---|---|---|---|---|---|---|---|---|
| 8 | 7 | 6 | 5 | 3 | 1 | 9 | 4 | 2 |
| 1 | 4 | 9 | 7 | 2 | 6 | 8 | 3 | 5 |
| 4 | 5 | 1 | 9 | 7 | 3 | 6 | 2 | 8 |
| 9 | 6 | 2 | 4 | 5 | 8 | 1 | 7 | 3 |
| 7 | 8 | 3 | 1 | 6 | 2 | 4 | 5 | 9 |
| 2 | 1 | 4 | 3 | 9 | 7 | 5 | 8 | 6 |
| 5 | 3 | 8 | 6 | 1 | 4 | 2 | 9 | 7 |
| 6 | 9 | 7 | 2 | 8 | 5 | 3 | 1 | 4 |

**156**

| 9 | 3 | 1 | 4 | 5 | 6 | 2 | 7 | 8 |
|---|---|---|---|---|---|---|---|---|
| 2 | 5 | 6 | 7 | 9 | 8 | 4 | 3 | 1 |
| 7 | 4 | 8 | 3 | 1 | 2 | 9 | 5 | 6 |
| 3 | 2 | 4 | 6 | 8 | 7 | 5 | 1 | 9 |
| 5 | 8 | 7 | 1 | 4 | 9 | 3 | 6 | 2 |
| 1 | 6 | 9 | 5 | 2 | 3 | 8 | 4 | 7 |
| 4 | 7 | 2 | 8 | 3 | 1 | 6 | 9 | 5 |
| 8 | 1 | 3 | 9 | 6 | 5 | 7 | 2 | 4 |
| 6 | 9 | 5 | 2 | 7 | 4 | 1 | 8 | 3 |

**157**

| 7 | 6 | 3 | 4 | 8 | 5 | 2 | 1 | 9 |
|---|---|---|---|---|---|---|---|---|
| 1 | 5 | 8 | 2 | 9 | 7 | 6 | 3 | 4 |
| 9 | 2 | 4 | 3 | 1 | 6 | 5 | 8 | 7 |
| 3 | 9 | 6 | 1 | 4 | 2 | 7 | 5 | 8 |
| 5 | 1 | 2 | 9 | 7 | 8 | 4 | 6 | 3 |
| 8 | 4 | 7 | 5 | 6 | 3 | 1 | 9 | 2 |
| 4 | 3 | 9 | 6 | 2 | 1 | 8 | 7 | 5 |
| 2 | 7 | 1 | 8 | 5 | 9 | 3 | 4 | 6 |
| 6 | 8 | 5 | 7 | 3 | 4 | 9 | 2 | 1 |

**158**

| 4 | 6 | 2 | 9 | 7 | 8 | 1 | 5 | 3 |
|---|---|---|---|---|---|---|---|---|
| 5 | 3 | 8 | 4 | 1 | 2 | 7 | 6 | 9 |
| 7 | 1 | 9 | 5 | 6 | 3 | 2 | 4 | 8 |
| 3 | 2 | 4 | 7 | 5 | 6 | 9 | 8 | 1 |
| 9 | 5 | 7 | 8 | 4 | 1 | 3 | 2 | 6 |
| 1 | 8 | 6 | 2 | 3 | 9 | 4 | 7 | 5 |
| 8 | 4 | 3 | 1 | 2 | 5 | 6 | 9 | 7 |
| 6 | 7 | 5 | 3 | 9 | 4 | 8 | 1 | 2 |
| 2 | 9 | 1 | 6 | 8 | 7 | 5 | 3 | 4 |

**159**

| 2 | 7 | 3 | 5 | 1 | 9 | 4 | 8 | 6 |
|---|---|---|---|---|---|---|---|---|
| 4 | 1 | 9 | 8 | 3 | 6 | 5 | 2 | 7 |
| 6 | 5 | 8 | 4 | 7 | 2 | 3 | 1 | 9 |
| 1 | 6 | 2 | 3 | 4 | 5 | 7 | 9 | 8 |
| 3 | 4 | 7 | 9 | 2 | 8 | 1 | 6 | 5 |
| 8 | 9 | 5 | 7 | 6 | 1 | 2 | 4 | 3 |
| 5 | 2 | 1 | 6 | 8 | 7 | 9 | 3 | 4 |
| 9 | 8 | 4 | 1 | 5 | 3 | 6 | 7 | 2 |
| 7 | 3 | 6 | 2 | 9 | 4 | 8 | 5 | 1 |

**160**

# Sudoku Solution

| 9 | 6 | 1 | 3 | 7 | 4 | 8 | 5 | 2 |
|---|---|---|---|---|---|---|---|---|
| 7 | 2 | 3 | 8 | 9 | 5 | 6 | 1 | 4 |
| 8 | 5 | 4 | 2 | 1 | 6 | 7 | 3 | 9 |
| 1 | 3 | 2 | 4 | 6 | 7 | 9 | 8 | 5 |
| 5 | 7 | 8 | 9 | 3 | 1 | 4 | 2 | 6 |
| 4 | 9 | 6 | 5 | 8 | 2 | 1 | 7 | 3 |
| 6 | 8 | 5 | 7 | 2 | 9 | 3 | 4 | 1 |
| 2 | 1 | 7 | 6 | 4 | 3 | 5 | 9 | 8 |
| 3 | 4 | 9 | 1 | 5 | 8 | 2 | 6 | 7 |

**161**

| 1 | 4 | 3 | 8 | 6 | 2 | 5 | 7 | 9 |
|---|---|---|---|---|---|---|---|---|
| 6 | 5 | 7 | 3 | 9 | 1 | 2 | 4 | 8 |
| 2 | 9 | 8 | 7 | 5 | 4 | 3 | 6 | 1 |
| 4 | 6 | 9 | 1 | 2 | 7 | 8 | 5 | 3 |
| 7 | 3 | 5 | 4 | 8 | 9 | 6 | 1 | 2 |
| 8 | 1 | 2 | 6 | 3 | 5 | 4 | 9 | 7 |
| 5 | 8 | 6 | 9 | 7 | 3 | 1 | 2 | 4 |
| 9 | 2 | 1 | 5 | 4 | 8 | 7 | 3 | 6 |
| 3 | 7 | 4 | 2 | 1 | 6 | 9 | 8 | 5 |

**162**

| 4 | 1 | 2 | 6 | 5 | 8 | 9 | 7 | 3 |
|---|---|---|---|---|---|---|---|---|
| 8 | 6 | 7 | 9 | 1 | 3 | 5 | 4 | 2 |
| 3 | 5 | 9 | 7 | 2 | 4 | 8 | 6 | 1 |
| 1 | 7 | 6 | 2 | 3 | 9 | 4 | 5 | 8 |
| 2 | 4 | 5 | 8 | 7 | 1 | 6 | 3 | 9 |
| 9 | 8 | 3 | 4 | 6 | 5 | 1 | 2 | 7 |
| 7 | 2 | 4 | 1 | 8 | 6 | 3 | 9 | 5 |
| 6 | 3 | 1 | 5 | 9 | 7 | 2 | 8 | 4 |
| 5 | 9 | 8 | 3 | 4 | 2 | 7 | 1 | 6 |

**163**

| 1 | 9 | 6 | 5 | 4 | 7 | 8 | 2 | 3 |
|---|---|---|---|---|---|---|---|---|
| 5 | 2 | 7 | 1 | 8 | 3 | 9 | 6 | 4 |
| 4 | 8 | 3 | 9 | 2 | 6 | 5 | 7 | 1 |
| 7 | 3 | 1 | 6 | 9 | 4 | 2 | 8 | 5 |
| 8 | 6 | 2 | 7 | 1 | 5 | 4 | 3 | 9 |
| 9 | 4 | 5 | 8 | 3 | 2 | 7 | 1 | 6 |
| 6 | 7 | 8 | 4 | 5 | 1 | 3 | 9 | 2 |
| 2 | 1 | 4 | 3 | 7 | 9 | 6 | 5 | 8 |
| 3 | 5 | 9 | 2 | 6 | 8 | 1 | 4 | 7 |

**164**

| 1 | 2 | 5 | 8 | 9 | 3 | 4 | 6 | 7 |
|---|---|---|---|---|---|---|---|---|
| 9 | 3 | 7 | 6 | 5 | 4 | 2 | 1 | 8 |
| 4 | 8 | 6 | 2 | 1 | 7 | 5 | 3 | 9 |
| 3 | 5 | 1 | 7 | 4 | 9 | 6 | 8 | 2 |
| 8 | 7 | 2 | 1 | 6 | 5 | 3 | 9 | 4 |
| 6 | 9 | 4 | 3 | 8 | 2 | 7 | 5 | 1 |
| 5 | 6 | 9 | 4 | 2 | 8 | 1 | 7 | 3 |
| 2 | 1 | 3 | 9 | 7 | 6 | 8 | 4 | 5 |
| 7 | 4 | 8 | 5 | 3 | 1 | 9 | 2 | 6 |

**165**

| 6 | 5 | 1 | 3 | 2 | 7 | 8 | 9 | 4 |
|---|---|---|---|---|---|---|---|---|
| 2 | 3 | 9 | 4 | 8 | 5 | 7 | 6 | 1 |
| 8 | 7 | 4 | 1 | 9 | 6 | 5 | 3 | 2 |
| 4 | 9 | 7 | 6 | 1 | 8 | 3 | 2 | 5 |
| 5 | 8 | 2 | 9 | 3 | 4 | 6 | 1 | 7 |
| 3 | 1 | 6 | 7 | 5 | 2 | 9 | 4 | 8 |
| 9 | 2 | 5 | 8 | 4 | 3 | 1 | 7 | 6 |
| 1 | 6 | 8 | 2 | 7 | 9 | 4 | 5 | 3 |
| 7 | 4 | 3 | 5 | 6 | 1 | 2 | 8 | 9 |

**166**

| 4 | 5 | 8 | 6 | 3 | 9 | 1 | 7 | 2 |
|---|---|---|---|---|---|---|---|---|
| 1 | 6 | 2 | 4 | 5 | 7 | 3 | 9 | 8 |
| 3 | 7 | 9 | 1 | 8 | 2 | 6 | 5 | 4 |
| 8 | 2 | 6 | 3 | 7 | 4 | 5 | 1 | 9 |
| 5 | 1 | 3 | 9 | 2 | 6 | 8 | 4 | 7 |
| 7 | 9 | 4 | 5 | 1 | 8 | 2 | 3 | 6 |
| 9 | 8 | 1 | 2 | 4 | 3 | 7 | 6 | 5 |
| 6 | 3 | 7 | 8 | 9 | 5 | 4 | 2 | 1 |
| 2 | 4 | 5 | 7 | 6 | 1 | 9 | 8 | 3 |

**167**

| 4 | 7 | 8 | 5 | 3 | 9 | 6 | 2 | 1 |
|---|---|---|---|---|---|---|---|---|
| 5 | 2 | 9 | 7 | 1 | 6 | 4 | 8 | 3 |
| 6 | 3 | 1 | 8 | 4 | 2 | 7 | 9 | 5 |
| 3 | 8 | 6 | 1 | 9 | 5 | 2 | 4 | 7 |
| 7 | 5 | 2 | 4 | 8 | 3 | 9 | 1 | 6 |
| 9 | 1 | 4 | 2 | 6 | 7 | 5 | 3 | 8 |
| 2 | 6 | 3 | 9 | 7 | 8 | 1 | 5 | 4 |
| 1 | 9 | 7 | 3 | 5 | 4 | 8 | 6 | 2 |
| 8 | 4 | 5 | 6 | 2 | 1 | 3 | 7 | 9 |

**168**

| 3 | 1 | 2 | 9 | 7 | 4 | 5 | 8 | 6 |
|---|---|---|---|---|---|---|---|---|
| 6 | 5 | 7 | 2 | 8 | 1 | 4 | 3 | 9 |
| 9 | 4 | 8 | 6 | 5 | 3 | 7 | 1 | 2 |
| 4 | 2 | 5 | 3 | 6 | 8 | 1 | 9 | 7 |
| 7 | 3 | 9 | 1 | 4 | 5 | 6 | 2 | 8 |
| 8 | 6 | 1 | 7 | 2 | 9 | 3 | 5 | 4 |
| 5 | 7 | 3 | 4 | 9 | 2 | 8 | 6 | 1 |
| 1 | 9 | 4 | 8 | 3 | 6 | 2 | 7 | 5 |
| 2 | 8 | 6 | 5 | 1 | 7 | 9 | 4 | 3 |

**169**

| 7 | 2 | 4 | 3 | 5 | 6 | 9 | 8 | 1 |
|---|---|---|---|---|---|---|---|---|
| 5 | 8 | 3 | 2 | 1 | 9 | 6 | 4 | 7 |
| 1 | 6 | 9 | 7 | 4 | 8 | 2 | 5 | 3 |
| 2 | 3 | 1 | 8 | 9 | 7 | 4 | 6 | 5 |
| 9 | 4 | 7 | 1 | 6 | 5 | 8 | 3 | 2 |
| 6 | 5 | 8 | 4 | 3 | 2 | 7 | 1 | 9 |
| 8 | 1 | 6 | 9 | 2 | 3 | 5 | 7 | 4 |
| 3 | 9 | 5 | 6 | 7 | 4 | 1 | 2 | 8 |
| 4 | 7 | 2 | 5 | 8 | 1 | 3 | 9 | 6 |

**170**

| 3 | 9 | 6 | 1 | 7 | 8 | 2 | 4 | 5 |
|---|---|---|---|---|---|---|---|---|
| 8 | 2 | 5 | 6 | 9 | 4 | 3 | 1 | 7 |
| 4 | 7 | 1 | 2 | 5 | 3 | 6 | 9 | 8 |
| 7 | 6 | 8 | 5 | 2 | 1 | 4 | 3 | 9 |
| 9 | 3 | 4 | 7 | 8 | 6 | 1 | 5 | 2 |
| 5 | 1 | 2 | 4 | 3 | 9 | 7 | 8 | 6 |
| 1 | 5 | 7 | 8 | 4 | 2 | 9 | 6 | 3 |
| 2 | 4 | 3 | 9 | 6 | 5 | 8 | 7 | 1 |
| 6 | 8 | 9 | 3 | 1 | 7 | 5 | 2 | 4 |

**171**

| 3 | 4 | 5 | 8 | 6 | 2 | 7 | 9 | 1 |
|---|---|---|---|---|---|---|---|---|
| 7 | 8 | 1 | 5 | 9 | 3 | 6 | 4 | 2 |
| 9 | 2 | 6 | 4 | 1 | 7 | 5 | 3 | 8 |
| 4 | 7 | 2 | 1 | 8 | 9 | 3 | 5 | 6 |
| 6 | 1 | 9 | 2 | 3 | 5 | 4 | 8 | 7 |
| 8 | 5 | 3 | 7 | 4 | 6 | 1 | 2 | 9 |
| 1 | 9 | 7 | 3 | 5 | 8 | 2 | 6 | 4 |
| 2 | 3 | 8 | 6 | 7 | 4 | 9 | 1 | 5 |
| 5 | 6 | 4 | 9 | 2 | 1 | 8 | 7 | 3 |

**172**

# Sudoku Solution

| 9 | 3 | 8 | 6 | 4 | 5 | 7 | 1 | 2 |
|---|---|---|---|---|---|---|---|---|
| 2 | 6 | 1 | 7 | 8 | 3 | 9 | 5 | 4 |
| 7 | 5 | 4 | 9 | 2 | 1 | 3 | 6 | 8 |
| 5 | 8 | 9 | 3 | 7 | 2 | 1 | 4 | 6 |
| 6 | 2 | 3 | 8 | 1 | 4 | 5 | 7 | 9 |
| 4 | 1 | 7 | 5 | 6 | 9 | 8 | 2 | 3 |
| 8 | 7 | 2 | 1 | 3 | 6 | 4 | 9 | 5 |
| 3 | 9 | 6 | 4 | 5 | 7 | 2 | 8 | 1 |
| 1 | 4 | 5 | 2 | 9 | 8 | 6 | 3 | 7 |

**173**

| 4 | 8 | 3 | 6 | 5 | 1 | 2 | 7 | 9 |
|---|---|---|---|---|---|---|---|---|
| 7 | 1 | 9 | 2 | 4 | 3 | 6 | 5 | 8 |
| 2 | 6 | 5 | 7 | 8 | 9 | 4 | 3 | 1 |
| 9 | 2 | 6 | 1 | 3 | 8 | 7 | 4 | 5 |
| 8 | 3 | 1 | 4 | 7 | 5 | 9 | 2 | 6 |
| 5 | 7 | 4 | 9 | 6 | 2 | 1 | 8 | 3 |
| 3 | 9 | 7 | 5 | 2 | 6 | 8 | 1 | 4 |
| 1 | 5 | 2 | 8 | 9 | 4 | 3 | 6 | 7 |
| 6 | 4 | 8 | 3 | 1 | 7 | 5 | 9 | 2 |

**174**

| 3 | 6 | 8 | 4 | 1 | 9 | 7 | 5 | 2 |
|---|---|---|---|---|---|---|---|---|
| 2 | 7 | 1 | 5 | 3 | 8 | 9 | 6 | 4 |
| 5 | 4 | 9 | 6 | 2 | 7 | 8 | 3 | 1 |
| 7 | 8 | 5 | 1 | 4 | 3 | 2 | 9 | 6 |
| 1 | 9 | 2 | 8 | 6 | 5 | 3 | 4 | 7 |
| 6 | 3 | 4 | 9 | 7 | 2 | 1 | 8 | 5 |
| 8 | 1 | 6 | 7 | 9 | 4 | 5 | 2 | 3 |
| 9 | 2 | 7 | 3 | 5 | 6 | 4 | 1 | 8 |
| 4 | 5 | 3 | 2 | 8 | 1 | 6 | 7 | 9 |

**175**

| 9 | 6 | 5 | 7 | 8 | 1 | 2 | 3 | 4 |
|---|---|---|---|---|---|---|---|---|
| 4 | 1 | 7 | 5 | 3 | 2 | 8 | 9 | 6 |
| 3 | 8 | 2 | 4 | 6 | 9 | 1 | 7 | 5 |
| 1 | 5 | 9 | 8 | 7 | 4 | 6 | 2 | 3 |
| 6 | 7 | 8 | 2 | 5 | 3 | 9 | 4 | 1 |
| 2 | 4 | 3 | 9 | 1 | 6 | 7 | 5 | 8 |
| 8 | 2 | 4 | 1 | 9 | 5 | 3 | 6 | 7 |
| 5 | 3 | 1 | 6 | 2 | 7 | 4 | 8 | 9 |
| 7 | 9 | 6 | 3 | 4 | 8 | 5 | 1 | 2 |

**176**

| 8 | 7 | 3 | 1 | 9 | 6 | 2 | 5 | 4 |
|---|---|---|---|---|---|---|---|---|
| 2 | 9 | 1 | 5 | 4 | 3 | 8 | 7 | 6 |
| 4 | 6 | 5 | 7 | 2 | 8 | 3 | 1 | 9 |
| 1 | 5 | 7 | 3 | 6 | 2 | 9 | 4 | 8 |
| 3 | 8 | 2 | 9 | 7 | 4 | 5 | 6 | 1 |
| 9 | 4 | 6 | 8 | 5 | 1 | 7 | 2 | 3 |
| 6 | 3 | 8 | 2 | 1 | 5 | 4 | 9 | 7 |
| 7 | 2 | 4 | 6 | 3 | 9 | 1 | 8 | 5 |
| 5 | 1 | 9 | 4 | 8 | 7 | 6 | 3 | 2 |

**177**

| 3 | 7 | 4 | 8 | 6 | 1 | 2 | 5 | 9 |
|---|---|---|---|---|---|---|---|---|
| 9 | 8 | 2 | 5 | 3 | 7 | 6 | 1 | 4 |
| 5 | 1 | 6 | 2 | 4 | 9 | 7 | 8 | 3 |
| 6 | 5 | 8 | 9 | 7 | 4 | 1 | 3 | 2 |
| 1 | 9 | 7 | 3 | 2 | 8 | 5 | 4 | 6 |
| 4 | 2 | 3 | 6 | 1 | 5 | 8 | 9 | 7 |
| 2 | 4 | 9 | 1 | 5 | 6 | 3 | 7 | 8 |
| 7 | 3 | 1 | 4 | 8 | 2 | 9 | 6 | 5 |
| 8 | 6 | 5 | 7 | 9 | 3 | 4 | 2 | 1 |

**178**

| 6 | 5 | 9 | 4 | 1 | 2 | 7 | 3 | 8 |
|---|---|---|---|---|---|---|---|---|
| 8 | 3 | 1 | 6 | 5 | 7 | 4 | 2 | 9 |
| 4 | 7 | 2 | 3 | 9 | 8 | 6 | 1 | 5 |
| 9 | 4 | 5 | 7 | 3 | 6 | 1 | 8 | 2 |
| 3 | 2 | 6 | 5 | 8 | 1 | 9 | 7 | 4 |
| 1 | 8 | 7 | 2 | 4 | 9 | 5 | 6 | 3 |
| 2 | 6 | 8 | 9 | 7 | 5 | 3 | 4 | 1 |
| 5 | 1 | 3 | 8 | 6 | 4 | 2 | 9 | 7 |
| 7 | 9 | 4 | 1 | 2 | 3 | 8 | 5 | 6 |

**179**

| 6 | 3 | 2 | 5 | 7 | 8 | 1 | 4 | 9 |
|---|---|---|---|---|---|---|---|---|
| 8 | 9 | 5 | 1 | 4 | 3 | 7 | 2 | 6 |
| 4 | 1 | 7 | 6 | 9 | 2 | 8 | 5 | 3 |
| 3 | 6 | 9 | 7 | 8 | 5 | 4 | 1 | 2 |
| 7 | 2 | 1 | 4 | 3 | 9 | 5 | 6 | 8 |
| 5 | 4 | 8 | 2 | 6 | 1 | 9 | 3 | 7 |
| 9 | 7 | 4 | 3 | 5 | 6 | 2 | 8 | 1 |
| 1 | 5 | 3 | 8 | 2 | 7 | 6 | 9 | 4 |
| 2 | 8 | 6 | 9 | 1 | 4 | 3 | 7 | 5 |

**180**

| 6 | 3 | 2 | 7 | 8 | 4 | 1 | 5 | 9 |
|---|---|---|---|---|---|---|---|---|
| 7 | 4 | 5 | 6 | 9 | 1 | 2 | 8 | 3 |
| 1 | 9 | 8 | 2 | 5 | 3 | 7 | 4 | 6 |
| 3 | 1 | 7 | 4 | 6 | 5 | 8 | 9 | 2 |
| 2 | 5 | 4 | 8 | 7 | 9 | 6 | 3 | 1 |
| 8 | 6 | 9 | 1 | 3 | 2 | 5 | 7 | 4 |
| 9 | 8 | 3 | 5 | 1 | 6 | 4 | 2 | 7 |
| 5 | 2 | 1 | 9 | 4 | 7 | 3 | 6 | 8 |
| 4 | 7 | 6 | 3 | 2 | 8 | 9 | 1 | 5 |

**181**

| 6 | 4 | 8 | 2 | 1 | 3 | 5 | 9 | 7 |
|---|---|---|---|---|---|---|---|---|
| 1 | 9 | 5 | 7 | 4 | 8 | 2 | 6 | 3 |
| 3 | 7 | 2 | 6 | 5 | 9 | 4 | 1 | 8 |
| 7 | 5 | 3 | 8 | 6 | 4 | 1 | 2 | 9 |
| 8 | 1 | 4 | 9 | 3 | 2 | 6 | 7 | 5 |
| 2 | 6 | 9 | 1 | 7 | 5 | 3 | 8 | 4 |
| 5 | 2 | 1 | 3 | 9 | 7 | 8 | 4 | 6 |
| 9 | 3 | 6 | 4 | 8 | 1 | 7 | 5 | 2 |
| 4 | 8 | 7 | 5 | 2 | 6 | 9 | 3 | 1 |

**182**

| 9 | 6 | 1 | 2 | 4 | 5 | 8 | 3 | 7 |
|---|---|---|---|---|---|---|---|---|
| 2 | 4 | 3 | 7 | 1 | 8 | 6 | 5 | 9 |
| 7 | 5 | 8 | 9 | 6 | 3 | 4 | 2 | 1 |
| 4 | 8 | 9 | 6 | 2 | 1 | 3 | 7 | 5 |
| 3 | 1 | 7 | 5 | 8 | 4 | 2 | 9 | 6 |
| 6 | 2 | 5 | 3 | 7 | 9 | 1 | 4 | 8 |
| 1 | 7 | 2 | 4 | 5 | 6 | 9 | 8 | 3 |
| 8 | 3 | 4 | 1 | 9 | 7 | 5 | 6 | 2 |
| 5 | 9 | 6 | 8 | 3 | 2 | 7 | 1 | 4 |

**183**

| 4 | 6 | 2 | 3 | 7 | 8 | 1 | 5 | 9 |
|---|---|---|---|---|---|---|---|---|
| 9 | 8 | 7 | 1 | 4 | 5 | 6 | 3 | 2 |
| 1 | 3 | 5 | 2 | 6 | 9 | 8 | 4 | 7 |
| 7 | 1 | 3 | 4 | 8 | 6 | 9 | 2 | 5 |
| 5 | 4 | 8 | 9 | 2 | 1 | 7 | 6 | 3 |
| 2 | 9 | 6 | 5 | 3 | 7 | 4 | 1 | 8 |
| 8 | 7 | 4 | 6 | 5 | 2 | 3 | 9 | 1 |
| 3 | 5 | 1 | 8 | 9 | 4 | 2 | 7 | 6 |
| 6 | 2 | 9 | 7 | 1 | 3 | 5 | 8 | 4 |

**184**

## Sudoku Solution

| 5 | 3 | 6 | 9 | 8 | 4 | 2 | 7 | 1 |
|---|---|---|---|---|---|---|---|---|
| 4 | 1 | 9 | 2 | 6 | 7 | 8 | 5 | 3 |
| 7 | 2 | 8 | 1 | 5 | 3 | 6 | 9 | 4 |
| 1 | 7 | 4 | 8 | 3 | 2 | 9 | 6 | 5 |
| 6 | 9 | 2 | 7 | 4 | 5 | 3 | 1 | 8 |
| 8 | 5 | 3 | 6 | 9 | 1 | 4 | 2 | 7 |
| 3 | 8 | 1 | 5 | 2 | 6 | 7 | 4 | 9 |
| 2 | 4 | 7 | 3 | 1 | 9 | 5 | 8 | 6 |
| 9 | 6 | 5 | 4 | 7 | 8 | 1 | 3 | 2 |

**185**

| 3 | 1 | 2 | 6 | 8 | 7 | 4 | 5 | 9 |
|---|---|---|---|---|---|---|---|---|
| 8 | 9 | 4 | 1 | 5 | 3 | 6 | 2 | 7 |
| 6 | 7 | 5 | 4 | 9 | 2 | 8 | 3 | 1 |
| 7 | 2 | 3 | 5 | 4 | 6 | 9 | 1 | 8 |
| 9 | 5 | 6 | 7 | 1 | 8 | 2 | 4 | 3 |
| 4 | 8 | 1 | 2 | 3 | 9 | 7 | 6 | 5 |
| 2 | 6 | 9 | 3 | 7 | 5 | 1 | 8 | 4 |
| 5 | 4 | 7 | 8 | 6 | 1 | 3 | 9 | 2 |
| 1 | 3 | 8 | 9 | 2 | 4 | 5 | 7 | 6 |

**186**

| 4 | 1 | 2 | 3 | 9 | 7 | 5 | 6 | 8 |
|---|---|---|---|---|---|---|---|---|
| 8 | 6 | 9 | 1 | 5 | 2 | 7 | 3 | 4 |
| 5 | 3 | 7 | 6 | 4 | 8 | 2 | 9 | 1 |
| 3 | 7 | 8 | 2 | 1 | 9 | 6 | 4 | 5 |
| 2 | 4 | 1 | 5 | 7 | 6 | 9 | 8 | 3 |
| 9 | 5 | 6 | 8 | 3 | 4 | 1 | 2 | 7 |
| 6 | 2 | 4 | 7 | 8 | 5 | 3 | 1 | 9 |
| 7 | 9 | 3 | 4 | 2 | 1 | 8 | 5 | 6 |
| 1 | 8 | 5 | 9 | 6 | 3 | 4 | 7 | 2 |

**187**

| 7 | 3 | 6 | 8 | 5 | 2 | 9 | 1 | 4 |
|---|---|---|---|---|---|---|---|---|
| 1 | 2 | 5 | 9 | 3 | 4 | 8 | 7 | 6 |
| 8 | 4 | 9 | 7 | 6 | 1 | 2 | 3 | 5 |
| 2 | 6 | 8 | 3 | 1 | 7 | 5 | 4 | 9 |
| 3 | 9 | 1 | 6 | 4 | 5 | 7 | 2 | 8 |
| 4 | 5 | 7 | 2 | 8 | 9 | 3 | 6 | 1 |
| 5 | 7 | 2 | 1 | 9 | 6 | 4 | 8 | 3 |
| 9 | 1 | 3 | 4 | 7 | 8 | 6 | 5 | 2 |
| 6 | 8 | 4 | 5 | 2 | 3 | 1 | 9 | 7 |

**188**

| 5 | 8 | 7 | 6 | 3 | 1 | 2 | 4 | 9 |
|---|---|---|---|---|---|---|---|---|
| 6 | 2 | 4 | 9 | 5 | 7 | 1 | 8 | 3 |
| 1 | 3 | 9 | 4 | 2 | 8 | 5 | 6 | 7 |
| 8 | 9 | 5 | 3 | 4 | 2 | 7 | 1 | 6 |
| 4 | 7 | 2 | 1 | 8 | 6 | 3 | 9 | 5 |
| 3 | 6 | 1 | 5 | 7 | 9 | 8 | 2 | 4 |
| 9 | 5 | 8 | 2 | 6 | 3 | 4 | 7 | 1 |
| 2 | 4 | 6 | 7 | 1 | 5 | 9 | 3 | 8 |
| 7 | 1 | 3 | 8 | 9 | 4 | 6 | 5 | 2 |

**189**

| 3 | 5 | 1 | 4 | 9 | 6 | 7 | 8 | 2 |
|---|---|---|---|---|---|---|---|---|
| 4 | 7 | 9 | 8 | 3 | 2 | 5 | 1 | 6 |
| 2 | 8 | 6 | 7 | 1 | 5 | 3 | 4 | 9 |
| 6 | 2 | 8 | 1 | 5 | 7 | 9 | 3 | 4 |
| 9 | 1 | 5 | 3 | 6 | 4 | 2 | 7 | 8 |
| 7 | 3 | 4 | 9 | 2 | 8 | 1 | 6 | 5 |
| 5 | 4 | 3 | 2 | 8 | 1 | 6 | 9 | 7 |
| 8 | 9 | 2 | 6 | 7 | 3 | 4 | 5 | 1 |
| 1 | 6 | 7 | 5 | 4 | 9 | 8 | 2 | 3 |

**190**

| 3 | 4 | 5 | 8 | 6 | 1 | 7 | 9 | 2 |
|---|---|---|---|---|---|---|---|---|
| 2 | 9 | 7 | 5 | 3 | 4 | 6 | 8 | 1 |
| 8 | 1 | 6 | 7 | 9 | 2 | 5 | 3 | 4 |
| 9 | 7 | 4 | 6 | 2 | 8 | 1 | 5 | 3 |
| 5 | 8 | 2 | 3 | 1 | 7 | 4 | 6 | 9 |
| 6 | 3 | 1 | 9 | 4 | 5 | 8 | 2 | 7 |
| 1 | 5 | 8 | 2 | 7 | 3 | 9 | 4 | 6 |
| 4 | 6 | 3 | 1 | 5 | 9 | 2 | 7 | 8 |
| 7 | 2 | 9 | 4 | 8 | 6 | 3 | 1 | 5 |

**191**

| 2 | 7 | 5 | 9 | 3 | 1 | 4 | 6 | 8 |
|---|---|---|---|---|---|---|---|---|
| 3 | 8 | 6 | 2 | 4 | 5 | 7 | 9 | 1 |
| 1 | 9 | 4 | 6 | 7 | 8 | 3 | 2 | 5 |
| 8 | 4 | 1 | 7 | 6 | 9 | 5 | 3 | 2 |
| 5 | 3 | 9 | 8 | 2 | 4 | 1 | 7 | 6 |
| 7 | 6 | 2 | 5 | 1 | 3 | 8 | 4 | 9 |
| 6 | 5 | 3 | 4 | 8 | 2 | 9 | 1 | 7 |
| 4 | 2 | 8 | 1 | 9 | 7 | 6 | 5 | 3 |
| 9 | 1 | 7 | 3 | 5 | 6 | 2 | 8 | 4 |

**192**

| 6 | 8 | 7 | 2 | 3 | 1 | 9 | 4 | 5 |
|---|---|---|---|---|---|---|---|---|
| 2 | 1 | 4 | 9 | 5 | 6 | 7 | 8 | 3 |
| 9 | 3 | 5 | 7 | 8 | 4 | 2 | 6 | 1 |
| 7 | 9 | 8 | 3 | 1 | 2 | 6 | 5 | 4 |
| 1 | 6 | 2 | 5 | 4 | 9 | 3 | 7 | 8 |
| 4 | 5 | 3 | 6 | 7 | 8 | 1 | 2 | 9 |
| 8 | 2 | 9 | 4 | 6 | 3 | 5 | 1 | 7 |
| 3 | 7 | 1 | 8 | 2 | 5 | 4 | 9 | 6 |
| 5 | 4 | 6 | 1 | 9 | 7 | 8 | 3 | 2 |

**193**

| 6 | 9 | 3 | 5 | 2 | 8 | 1 | 4 | 7 |
|---|---|---|---|---|---|---|---|---|
| 4 | 5 | 2 | 9 | 1 | 7 | 8 | 3 | 6 |
| 1 | 7 | 8 | 3 | 6 | 4 | 5 | 2 | 9 |
| 5 | 8 | 4 | 1 | 7 | 6 | 3 | 9 | 2 |
| 9 | 6 | 7 | 2 | 8 | 3 | 4 | 1 | 5 |
| 2 | 3 | 1 | 4 | 9 | 5 | 7 | 6 | 8 |
| 8 | 2 | 5 | 6 | 4 | 1 | 9 | 7 | 3 |
| 7 | 1 | 6 | 8 | 3 | 9 | 2 | 5 | 4 |
| 3 | 4 | 9 | 7 | 5 | 2 | 6 | 8 | 1 |

**194**

| 5 | 8 | 3 | 1 | 6 | 2 | 7 | 9 | 4 |
|---|---|---|---|---|---|---|---|---|
| 4 | 9 | 7 | 8 | 5 | 3 | 1 | 2 | 6 |
| 1 | 2 | 6 | 4 | 9 | 7 | 3 | 5 | 8 |
| 6 | 1 | 4 | 9 | 7 | 5 | 8 | 3 | 2 |
| 9 | 5 | 8 | 2 | 3 | 1 | 6 | 4 | 7 |
| 3 | 7 | 2 | 6 | 8 | 4 | 5 | 1 | 9 |
| 8 | 3 | 5 | 7 | 4 | 9 | 2 | 6 | 1 |
| 7 | 4 | 1 | 5 | 2 | 6 | 9 | 8 | 3 |
| 2 | 6 | 9 | 3 | 1 | 8 | 4 | 7 | 5 |

**195**

| 5 | 8 | 3 | 9 | 2 | 1 | 6 | 7 | 4 |
|---|---|---|---|---|---|---|---|---|
| 2 | 1 | 4 | 6 | 5 | 7 | 3 | 9 | 8 |
| 6 | 7 | 9 | 8 | 3 | 4 | 5 | 1 | 2 |
| 1 | 5 | 6 | 4 | 7 | 9 | 2 | 8 | 3 |
| 4 | 3 | 7 | 2 | 8 | 5 | 9 | 6 | 1 |
| 9 | 2 | 8 | 3 | 1 | 6 | 7 | 4 | 5 |
| 3 | 9 | 2 | 1 | 6 | 8 | 4 | 5 | 7 |
| 8 | 4 | 5 | 7 | 9 | 2 | 1 | 3 | 6 |
| 7 | 6 | 1 | 5 | 4 | 3 | 8 | 2 | 9 |

**196**

## Sudoku Solution

| 3 | 2 | 4 | 8 | 6 | 7 | 1 | 9 | 5 |
|---|---|---|---|---|---|---|---|---|
| 8 | 7 | 9 | 3 | 1 | 5 | 2 | 6 | 4 |
| 1 | 5 | 6 | 2 | 9 | 4 | 3 | 7 | 8 |
| 9 | 6 | 8 | 4 | 3 | 1 | 7 | 5 | 2 |
| 5 | 4 | 7 | 6 | 2 | 8 | 9 | 1 | 3 |
| 2 | 1 | 3 | 5 | 7 | 9 | 8 | 4 | 6 |
| 4 | 9 | 2 | 7 | 5 | 3 | 6 | 8 | 1 |
| 7 | 3 | 5 | 1 | 8 | 6 | 4 | 2 | 9 |
| 6 | 8 | 1 | 9 | 4 | 2 | 5 | 3 | 7 |

**197**

| 2 | 7 | 5 | 8 | 4 | 6 | 3 | 1 | 9 |
|---|---|---|---|---|---|---|---|---|
| 6 | 9 | 1 | 2 | 3 | 7 | 5 | 4 | 8 |
| 8 | 4 | 3 | 1 | 9 | 5 | 7 | 2 | 6 |
| 7 | 5 | 8 | 4 | 6 | 1 | 9 | 3 | 2 |
| 9 | 6 | 2 | 3 | 7 | 8 | 4 | 5 | 1 |
| 1 | 3 | 4 | 9 | 5 | 2 | 6 | 8 | 7 |
| 3 | 8 | 9 | 6 | 1 | 4 | 2 | 7 | 5 |
| 5 | 1 | 6 | 7 | 2 | 3 | 8 | 9 | 4 |
| 4 | 2 | 7 | 5 | 8 | 9 | 1 | 6 | 3 |

**198**

| 1 | 7 | 2 | 5 | 8 | 4 | 6 | 9 | 3 |
|---|---|---|---|---|---|---|---|---|
| 4 | 9 | 6 | 1 | 3 | 2 | 8 | 5 | 7 |
| 5 | 8 | 3 | 6 | 9 | 7 | 1 | 2 | 4 |
| 9 | 2 | 8 | 7 | 1 | 6 | 4 | 3 | 5 |
| 7 | 3 | 4 | 8 | 2 | 5 | 9 | 1 | 6 |
| 6 | 5 | 1 | 3 | 4 | 9 | 7 | 8 | 2 |
| 8 | 1 | 5 | 4 | 6 | 3 | 2 | 7 | 9 |
| 2 | 4 | 7 | 9 | 5 | 8 | 3 | 6 | 1 |
| 3 | 6 | 9 | 2 | 7 | 1 | 5 | 4 | 8 |

**199**

| 3 | 9 | 1 | 5 | 8 | 6 | 7 | 4 | 2 |
|---|---|---|---|---|---|---|---|---|
| 2 | 4 | 6 | 7 | 1 | 9 | 5 | 3 | 8 |
| 8 | 7 | 5 | 2 | 3 | 4 | 9 | 1 | 6 |
| 9 | 3 | 4 | 8 | 5 | 2 | 6 | 7 | 1 |
| 1 | 6 | 7 | 4 | 9 | 3 | 2 | 8 | 5 |
| 5 | 8 | 2 | 6 | 7 | 1 | 4 | 9 | 3 |
| 6 | 5 | 9 | 3 | 4 | 8 | 1 | 2 | 7 |
| 4 | 2 | 3 | 1 | 6 | 7 | 8 | 5 | 9 |
| 7 | 1 | 8 | 9 | 2 | 5 | 3 | 6 | 4 |

**200**

www.ingramcontent.com/pod-product-compliance
Lightning Source LLC
Chambersburg PA
CBHW081452250726
48662CB00009B/3060

* 9 7 8 1 6 5 9 0 8 0 5 4 4 *